Rüdiger Iwan

Zeig, was Du kannst!

Portfolioarbeit als zentrales Anliegen
der Waldorfpädagogik

MENON

Heidelberg 2005

Bibliographische Information der Deutschen Bibliothek

Die Deutsche Bibliothek verzeichnet diese Publikation in der Deutschen
Nationalbibliographie; detaillierte bibliographische Daten sind im Internet
über <http://dnb.ddb.de> abrufbar.

© 2005 MENON Verlag im Friedrich von Hardenberg Institut e.V.
Hauptstraße 59, D-69117 Heidelberg,
Telefon 0049-6221-2 13 50, Telefax -2 16 40
eMail: menon-verlag@hardenberginstitut.de
www.hardenberginstitut.de

ISBN 3-921132-34-7

Inhaltsverzeichnis

Das sämtliche Gepäck aller unserer Reisenden ward sogleich auf die Insel gebracht, wodurch für die Gesellschaft große Bequemlichkeit entstand, der größte Vorteil aber dabei erzielt ward, indem die sämtlichen Portefeuilles des trefflichen Künstlers, zum erstenmal alle beisammen, ihm Gelegenheit gaben, den Weg, den er genommen, in stetiger Folge den Schönen zu vergegenwärtigen. Man nahm die Arbeit mit Entzücken auf. Nicht etwa wie Liebhaber und Künstler sich wechselseitig präkonisieren*, hier ward einem vorzüglichen Manne das gefühlteste und einsichtigste Lob erteilt.

Goethe, *Wilhelm Meisters Wanderjahre*, zweites Buch, siebentes Kapitel

---

* *feierlich zum Bischof ernennen*

Vorwort:
Ein Anruf, der vieles ins Rollen bringt ...

„Dabei", ließ sich mein Gesprächspartner am anderen Ende der Leitung vernehmen, „gibt es doch eine Alternative zur gängigen Form der Leistungsfeststellung: Die Arbeit mit Portfolio."

Natürlich! Portfolio! Und ich hatte es nicht bemerkt! In den immerhin einundzwanzig Jahren meiner Lehrertätigkeit war mir Portfolio nicht begegnet. Heute – nach nunmehr weiteren vier Jahren intensiver Beschäftigung – beginnt mir das ganze Ausmaß meines Versäumnisses bewusst zu werden.

Doch muss ich eine Einschränkung machen. Tatsächlich waren mir Elemente dieser Arbeitsweise schon seit den ersten Tagen meiner Waldorflehrerlaufbahn vertraut: Epochenheft, Zeugnisse, Jahresarbeit, Monatsfeiern ... Es gab sie und gibt sie weiterhin, allerdings nicht in der entwickelten Form, in der sie erst den fremden Namen für sich beanspruchen dürften. Es hieße, sich des Verdachtes auf Selbstschutz überführen, wollte man gegenüber dem Phänomen Portfolio vorschnell zu Urteilen greifen wie: „Längst bekannt" oder: „Haben wir alles".

Wir haben es eben nicht – und haben es auch nicht entwickelt. Manche Saat, die der Begründer auf dem Felde dieser jungen, zukunftsgerichteten Pädagogik einst ausgeworfen hat, ist inzwischen unter einer fremden Sonne aufgegangen. Manches von dem, was er seinerzeit vergeblich zu initiieren suchte, hat andernorts stattliche Formen angenommen. Die so entstandene Kluft wird in diesem Buch mit dem Begriff Portfolio aufgedeckt, zugleich wird der Versuch unternommen, sie zu überbrücken. Was 'uns' heute mit dem vermeintlichen Exoten Portfolio ins Haus steht, sind in Wirklichkeit 'wir'. Und bei stärkerer Entfaltung der eigenen konkreten Phantasie hätten wir ihn längst aus den vorhandenen Ansätzen entwickeln können. Nun aber, da Portfolio von außen auf uns zukommt (statt uns von innen erwachsen zu sein), sollten wir die Übereinstimmungen erkennen zwischen diesem Exoten und dem, was unsere Pädagogik im Innersten zusammenhält. Portfolio ist *das* wesentliche Mittel zu *dem* Ideal einer Erziehung zur Freiheit. Ohne Übertreibung: *das* Mittel, weil es eine große Vielfalt bekannter und unbekannter Möglichkeiten zur Förderung individueller Entwicklung in sich vereint.

Doch erschöpft sich das vorliegende Buch nicht darin, Beweisführungen zu liefern. Es ist zugleich ein Praxisbericht und eine Einführung in die Praxis. Es will Mut machen, die Arbeit mit Portfolio selbst zu erproben, und auf einige unliebsame Fallstricke aufmerksam machen, in die ich in der Zwischenzeit selbst geraten bin und die ich zur ferneren Vermeidung anempfehlen möchte ...

Der Teilnehmer des eingangs zitierten Gespräches war Dr. Felix Winter vom Oberstufenkolleg in Bielefeld: Pionier und Experte für die Arbeit mit Portfolio. Seit unserem ersten Telefonat ist vieles geschehen. Nicht allein, dass wir seither in intensivem Austausch stehen und ich ihm manch wertvolle Anregung verdanke, wir haben auch gemeinsam die Initiative ergriffen.[1] Inzwischen ist ein Arbeitszusammenhang entstanden von Pionieren der Portfolioarbeit aus Deutschland, Österreich und der Schweiz. Dass wir in der Waldorfbewegung nicht entwickelt haben, was folgerichtig nun von außen auf uns zukommt, hat hier seinen unbestreitbaren Vorzug: Die Kooperation mit den denkbar interessantesten Mitstreitern aus Schule, Hochschule, Politik und Wirtschaft zur Konkretisierung einer gesellschaftlichen Perspektive für eine der Erziehung *in* Freiheit angemessene Lern- und Prüfungskultur. So gesehen wird in dem Buch auch eine Perspektive für die Waldorfpädagogik aufgezeigt, sich zwischen Anfeindung und selbst gewählter Isolation auf den Weg des gesellschaftlichen Dialogs und der kulturellen Wirksamkeit zu begeben.

---

[1] perpetuum novile veranstaltet mit dem Oberstufenkolleg Bielefeld internationale Fachtagungen zur Arbeit mit Portfolio und der Entwicklung einer zeitgemäßen Prüfungskultur.

Ein historischer Blick in die Gegenwart der Waldorfpädagogik

„Es ist nicht ein Einlaufen in die Behandlung der Schüler-Individualität. "

Viereinhalb Jahre nach Begründung der Waldorfschule, im März 1924, hatten sich Schüler der seinerzeit 12. (!) Klasse[2] zum ersten Mal der staatlichen Reifeprüfung unterzogen. Das Resultat war äußerst bescheiden, fielen doch von den beteiligten neun Schülern vier durch. Am 27. März nimmt Rudolf Steiner dazu Stellung. Das Ergebnis zeige in eklatanter Weise, dass alles Besprochene weiter gelte. Selbstverständlich, so räumt er ein, wäre es besser, die Waldorfschule rein zu erhalten von den fremden Einflüssen. Dann heißt es:

„Aber es scheint doch die Statistik des Ergebnisses darauf hinzuweisen, dass das schlechte Ergebnis vielfach zusammenhängt damit, dass die Schüler in dem Moment, wo sie ihre Aufgabe für sich allein lösen sollten, nicht zurecht kamen, weil sie zu sehr gewohnt waren, im Chor die Sachen zu lösen ... Es hat ja an Zeit gemangelt; aber es scheint, als ob die Schüler zu wenig dazu veranlasst worden sind, Probleme allein zu lösen. Es ist nicht ein Einlaufen in die Behandlung der Schüler-Individualität. Das scheint mir die Quintessenz dessen zu sein, was gefehlt hat."[3]

Steiner zieht Bilanz. Ausgerechnet das Abitur, die unleugbare „Statistik des Ergebnisses", bildet den Ausgangspunkt für den kritischen Rückblick. „Widrige Umstände" (Fremdbestimmung durch die Prüfung, Zeitdruck) werden nur gestreift, ins Zentrum rückt die Arbeit selbst. Man muss

---

[2] erst in den Folgejahren wurde in Württemberg ein viertes Grundschuljahr Pflicht und das Abitur in die 13. Klasse verlegt.

[3] E. A. Karl Stockmeyer, *Rudolf Steiners Lehrplan für die Waldorfschulen*, Stuttgart 1976, S. 37.

annehmen, dass Steiner sich – unter dem Aspekt der Reifeprüfung – insbesondere auf Fächer des betrachtenden Unterrichts bezieht, im übrigen aber wird kein Unterschied gemacht. Die Kritik zielt auf die pädagogischen Bemühungen der letzten Jahre. Und der Blick fällt auf einen offensichtlich für fundamental gehaltenen Mangel methodischer Natur. Dem Ideal einer „Behandlung der Schüler-Individualität" steht die Realität mit ihren als äußerst ungenügend empfundenen Anreizen, „Probleme allein zu lösen", gegenüber. Zur Forderung nach Selbstständigkeit des Einzelnen scheint die Förderung einer fast ausschließlich chorisch in Erscheinung tretenden Intelligenz in unversöhnlichem Gegensatz zu stehen.

Das Ideal einer neuen Pädagogik hatte in den ersten Jahren seiner Verwirklichung mehr Schatten geworfen als Licht gespendet. Ganz offensichtlich fehlten die Mittel, die ihm zum beschriebenen Zeitpunkt konkrete Gestalt hätten verleihen können. Dem hohen Anspruch, sie aus dem intuitiven Erfassen des lebendigen Geistes situativ und schülernah zu schöpfen[4], waren viele Pioniere der Gründungsjahre offensichtlich nicht gewachsen. Statt dessen suchten sie Zuflucht in abgenutzten Formen der Belehrung, die heute landläufig unter dem Begriff eines (schlechten!) Frontalunterrichts subsumiert würden.

Die Forderung nach Selbstständigkeit des Einzelnen im Bereich der Aufgaben- und Problemlösung ist uns geblieben. Und wie einst zum Zeitpunkt der Kritik Steiners geht es dabei auch heute um die Erfüllung staatlicher Forderungen im Vollzug der Abschlussprüfungen. Eine Antwort hat sich in den Folgejahrzehnten herausgebildet und bestimmt seitdem die Praxis der (Waldorf)-Schulen weitgehend. Dabei ist sie keine waldorfspezifische. Jede Lehrerin trägt sie – wie jeder Lehrer auch – beim Eintritt in den Beruf als Altlast mit im Handgepäck. Wurde doch – wie *frau* – schon in der eigenen Schulzeit damit bepackt und in der Ausbildung damit überladen. Hundertfach durchgestanden, halten wir es dann für unser erworbenes Recht, die folgenden Generationen auch darauf zu dressieren. Die Rede ist von allen 'gemeinen' Abarten

---

4   ebenda S. 1.

der Klassenarbeit oder Klausur. Selbstständiges Arbeiten also, in Überwindung einer sich einseitig chorisch äußernden Intelligenz, lernt man am besten: durch das Schreiben von Klassenarbeiten. So die längst obsolet gewordene Überzeugung, auf die man JunglehrerInnen bis heute trimmt, statt sie anzuregen, sich kritisch mit ihr auseinander zu setzen. Warum auch? Verlangt nicht die 'Realität' danach? Und, wie ich vermute, nicht erst die staatlich verordnete, sondern bereits jeder Epochenunterricht. Mit 30, gar 40 SchülerInnen mangelt es an Anreizen, „Probleme allein zu lösen". Die abschließende Klausur (nach drei oder vier Wochen Frontalunterricht) sichert die Bestimmung der Leistungshöhe der zuvor chorisch in Erscheinung getretenen Intelligenz. Wie anders als mittels dieser Form sollte jeder denn erkennen können, wo er steht!

Mag in den 70er Jahren das Ideal einer weitgehend notenfreien Schule mit zum Boom der Waldorfpädagogik geführt haben[5], inzwischen hat sich hier, lautlos meist und mitunter von Stoßseufzern der Erleichterung begleitet, das Auskunftsmittel Ziffernzensur längst eingeschlichen. Die damit verbundene Einstellung kann ein Oberstufenlehrer auch explizit in Worte fassen: „Seien wir doch mal ehrlich, in der Waldorfschule geht es insgesamt (zu) weich zu (kein Sitzenbleiben, kein Leistungsdruck). Da kann man mit Klassenarbeiten (kaum) früh genug beginnen. Eigentlich brauchen unsere Schüler das Abitur: für den letzten Schliff!"

Also Klassenarbeiten zum Einschleifen. Außerdem zeigt sich doch erst hier, was der Einzelne kann. So die vorherrschende Meinung, die um so wirkungsvoller ist, je impliziter sie bleibt. Auch nicht mit der eingangs zitierten Feststellung Steiners in Beziehung gebracht wird. Der Alltag der Waldorfpädagogik hat sich inzwischen so weit vom Ideal einer „Behandlung der Schülerindividualität" entfernt, weil man unbewusst annimmt, es (ja! das Ideal) mittels Klausur längst erfüllt zu haben, damit aber nur einem alten Schulschlendrian aufsitzt, statt den Versuch zu machen, ihn zu überwinden. Den Alltag heute beherrscht die Tatsache, dass in der scheinbaren Ausweglosigkeit zwischen der chorischen Skylla und der isolierenden Charybdis zu wenig Phantasie entwickelt wird.

---

[5]   vgl. Christoph Lindenberg, *Waldorfschulen: angstfrei lernen, selbstbewusst handeln*, Reinbek b. Hamburg 1975, S. 56.

Doch gibt es eine zweite, originäre Lösung. Sie ist 1965 als bewusste Antwort gerade auf das staatliche Prüfungs- und Berechtigungswesen (und sein wirksamstes Mittel, die schriftliche Klausur) initiiert worden. Die Pioniertat aus den Reihen des Kollegiums der FWS Bochum fand Verbreitung in der gesamten Waldorfschulbewegung. An die Stelle der Fremdbestimmung von außen, der Überforderung durch die Fülle der Inhalte, der Zufälligkeit der Ergebnisse im engen Rahmen einer punktuellen Leistungsfeststellung, tritt die Auseinandersetzung mit einem selbstgewählten Thema über den Zeitraum etwa eines Jahres hin. Das praktische und theoretische Ergebnis wird nicht hinter verschlossenen Türen einer Kommission, sondern im Festsaal der Öffentlichkeit präsentiert. Individuelle Identifikation heißt das Ziel, das Mittel: Jahresarbeit. Die Antwort auf die Frage der „Behandlung der Schüler-Individualität" lautet hier also: Die Schüler selbst handeln lassen.

Ein entscheidender Nachteil ergibt sich nicht aus der Idee der Jahresarbeit selbst, sondern dadurch, dass sie in den Schulen fast ausnahmslos additiv dem pädagogischen Pensum hinzugefügt und nicht darin integriert wird. Alle Beteiligten machen sich mehr Arbeit, die Lernkultur innerhalb der Schule aber wird nicht entscheidend verändert. In Zeiten, in denen die Luft nicht so dünn war wie heute, mag es dennoch gelungen sein. Wenn aber – wie zu erwarten – das Abitur wieder dort zu liegen kommt, wo es einst bei der Gründung der Waldorfschule war, nämlich in der 12. Klasse, wird die Schere aufgehen (oder sie ist längst aufgegangen) in den Köpfen der Lehrer, Eltern und Schüler. Der Wunsch nach Förderung der Schüler-Individualität begibt sich auf den Rückzug und man überlässt sich dem *mainstream* externer Anforderungen der Leistungsfeststellung.

Notgedrungen vielleicht, wahrscheinlicher aber aus dem simplen Grund, weil sie in der Lehrerschaft in den Untiefen der Gewohnheit festsitzt, beherrscht die Klausur in allen ihren 'gemeinen' Abarten die Szene, während die eigentlich zukunftsträchtigen Arbeitsformen zur Marginalie verkommen. So stehen sich die Dinge – im Zeichen bedrohlich näher rückender Abschlüsse – unversöhnlicher denn je gegenüber. Oder man dreht sich längst unspektakulär, aber um so erfolgreicher in dem Teufelskreis, der den mit jeder neuen Prüfungsrunde fortgesetzten Profilverlust für die Oberstufe bedeutet.

Durch die Arbeit mit Portfolio eröffnet sich ein Ausweg, die Chance eines dritten Weges. Das 'Prinzip Jahresarbeit' – und damit der Anspruch der Waldorfpädagogik auf Förderung individueller Fähigkeiten – kann zum integralen Bestandteil jeden Unterrichtes werden. Mehr noch! Portfolioarbeit kann früh genug, in der Unter- und Mittelstufe, gute Gewohnheiten veranlagen, wo – im Zeichen des vordringenden Abschlussunwesens – der Lehrer etwa einer vierten Klasse meint die ersten Tests schreiben zu müssen (und damit lediglich den schlechten Gewohnheiten unbewusst Vorschub leistet). Auch Anerkennung kann Portfolio finden. Gesellschaftlich, wirtschaftlich und – wahrscheinlich zuletzt – auch politisch. Doch so wichtig die Frage der Anerkennung ist, sie ist nicht die erste! Und mit Sicherheit sollte die Ungewissheit einer Antwort darauf nicht als Ausrede für gegenwärtige Tatenlosigkeit herhalten. Zuallererst gilt es, in den immer noch reichlich vorhandenen Freiräumen die neue Kultur zu begründen, bevor sie uns endgültig genommen werden.

Freilich: Portfolio ist eine Mappe, in der Schülerarbeiten gesammelt werden. Leistung bekommt eine Perspektive, ein Gesicht (statt gesichtslos hinter der Note zu verschwinden). Sie wird nicht nur erbracht, Schüler lernen auch, sie zu vertreten. Bei einer der maßgeblichen Autorinnen aus Österreich, einer Teilnehmerin unseres internationalen Arbeitskreises, heißt es:

„Trotz meiner nunmehr fünfjährigen Erfahrung mit Portfolios habe ich das Gefühl, ich bin erst am Anfang. Gerade das ist ein Faktor an dieser Arbeit, der mich bewegt. 'Ein Portfolio zwingt einen dazu, sich nie mit sich selbst zufrieden zu geben', schreibt Johanna (eine Schülerin) am Beginn dieses Artikels. Das trifft auch auf uns Lehrende zu, was ich außerordentlich spannend finde."[6]

Mit diesem Willen zur Beweglichkeit wird die Sache sich erschließen und der Paradigmenwechsel an Waldorfschulen sich mit künstlerischem Schwung vollziehen lassen.

---

[6]   Johanna Schwarz, „Portfolio als Lernstrategie und alternative Leistungsbeurteilung", in: *ide, zeitschrift für den deutschunterricht in wissenschaft und schule*, 1/02, S. 108.

Was ist Portfolio?

Zunächst eine Mappe,

in der individuell erbrachte Schülerleistungen gesammelt werden! Doch Vorsicht! So beruhigend die Definition im ersten Augenblick daherkommt, so hemmend wirkt sie, wenn man für alles Weitere glaubt an ihr festhalten zu können. Wie oft schon habe ich erlebt, dass man das Neue so einzig vom Ende, dem fertigen Produkt her zu verstehen bereit war und sich gerade damit die mögliche, von ihm ausgehende produktive Beunruhigung allzu elegant vom Leibe hielt. Zunächst bestätigt die wörtliche Übersetzung, was der erste Eindruck nahe legt. Lateinisch *portare folia* heißt frei übersetzt *Blätterträger*. Also ein Trägermedium mit darin enthaltenen Blättern, auf denen sich Schülerleistungen wiederfinden. Und tatsächlich hat schon die Tatsache, dass Schülerarbeiten gesammelt werden, positive Auswirkungen auf die schulische Lernkultur.

In zwei Richtungen! Zunächst in die des Adressaten. Wer ist Empfänger der Schülerleistung? Nur der Lehrer? Der Künstlichkeit institutionalisierten Lernens, die symptomatisch in dem Ritual „Schüler schreibt, Lehrer korrigiert" zum Ausdruck kommt, könnte Zug um Zug Leben eingehaucht werden. Wie interessiert der Lehrer sich für gewöhnlich als alleiniger Empfänger der Schülerbotschaft fühlt, mag jeder sich selbst fragen, der diese Rolle professionell und über die Jahre zu spielen gewohnt ist, und wie viel von seiner Rückmeldung (gar mit dem Ziel, einen Lernfortschritt zu bewirken) den Schüler tatsächlich erreicht! Werden die Schülerarbeiten also gesammelt, statt in der Schublade (oder im Papierkorb) zu verschwinden, wen könnten sie neben dem Lehrer denn noch interessieren? Die Mitschüler vielleicht? Wir werden sehen, wohin das führt.

Die zweite Richtung betrifft die Aufgaben selbst. Der Begriff „Aufgabe" könnte sich erweitern. Wie ist es eigentlich um unser gewöhnliches Verständnis der Form bestellt, in die wir den Unterrichtsstoff zu verpacken uns täglich befleißigen? Und warum glauben wir eigentlich immer, diejenigen sein zu müssen, die sie stellen? Es sind doch schon genügend

Aufgaben in der 'wirklichen' Welt vorhanden. Von welcher Art müssten denn die Aufgaben sein, die den Schülern so viel wert wären, dass sie sie erbringen, sammeln und zeigen wollten?

„Bei der Arbeit mit der Portfoliomethode wird der Rahmen für die Leistungen meist viel weiter gesteckt. Neben den herkömmlichen Leistungsnachweisen gibt es vermehrt solche, die das Ergebnis eines längeren Arbeitsprozesses sind. In Portfolios finden sich z. B. Ergebnisse von individuellen Recherchen, schriftlich ausgearbeitete Referate, Interviews, Beschreibungen zu Experimenten, selbst geschriebene Geschichten u. a. m. (...). Die aufgeführten Typen von Leistungsnachweisen sind freilich auch nicht neu, die Arbeit mit Portfolios lädt aber dazu ein, entsprechende Aufgaben vermehrt einzusetzen."[7]

Also keine Frage: Positive Veränderungen könnten bereits von der Definition eines Portfolios als „Mappe mit Schülerarbeiten" ausgehen.

Vom Sammeln zum Auswählen ...

Um einiges beunruhigender noch kann die Erklärung einer portfoliobegeisterten Kollegin aus dem amerikanischen Sprachraum wirken:

„Portfolios encourage a unique response to the question 'What have I learned'"?[8]

Portfolios ermutigen zu einer ganz individuellen, einzigartigen Antwort auf die Frage: „Was habe ich gelernt?" – Sicher geht es auch hier um gesammelte Schülerarbeiten. Sicher werden sie vorgezeigt, anderen zum Anschauen, zum Lesen gegeben. Aber ist eine Mappe mit Schülerarbeiten bereits ausreichend für diese einzigartige Geschichte des eigenen Ler-

---

[7] Felix Winter, „Person-Prozess-Produkt. Das Portfolio und der Zusammenhang der Aufgaben", in: *Friedrich Jahresheft* 2003, S. 79.

[8] Elisabeth Hebert, *The Power of Portfolios: What Children Can Teach Us About Learning*, San Francisco 2001.

nens? Müsste da nicht jeder noch etwas dazu erzählen? Und wie könnte dem Schüler die Frage nach seinem Lernen bewusst werden, wie käme er zu seiner Antwort? Eine Sammlung von Arbeiten bildete hier sicher die notwendige Voraussetzung, wie aber käme es zu dem angesprochenen 'Mehrwert', der Ermutigung, sich selbst als Lernenden zu begreifen?

Im Wesentlichen ist es der Schritt vom Sammeln zum Auswählen. Tatsächlich werden, um auf das amerikanische Beispiel zurückzukommen, in der *Crow Island School* in Winnetka, Illinois, Arbeiten gesammelt. In richtigen Archiven, in denen Schüler die über Jahre hin entstehenden schulischen Produkte aufbewahren. Dann aber werden sie zum entscheidenden nächsten Schritt veranlasst: Sie wählen aus. Insbesondere, wenn sie an einem besonderen Festtag im Jahr etwas tun, von dem man im Zusammenhang mit dem Lernen eigentlich annehmen sollte, dass es selbstverständlich sei, nämlich – anhand selbst ausgewählter Arbeiten – ihren Eltern zeigen, was sie im zurückliegenden Schuljahr gelernt haben. Sie tun das dort von der ersten Klasse an und praktizieren damit genau genommen das, was Rudolf Steiner mit den Monatsfeiern anregen wollte. (Die Formen der Monatsfeiern dort sind allerdings so vielfältig, dass der an Waldorfschulen weit verbreitete strukturkonservative Blick mit seiner Versteifung auf die einzig gültige Form die Idee darin gar nicht würde wiedererkennen können.)[9]

Die Idee ist, dass schulische Leistung nicht hinter verschlossenen Türen erbracht und im weitgehend anonymisierten Kontext einer Beurteilung unterzogen wird, sondern von öffentlichem Interesse ist. Und den ersten Schritt hin zu dieser Veröffentlichung unternehmen in der *Crow Island School* die Schüler selbst. Die Beschreibung dieses mutigen Schrittes von einem Elternabend, an dem der Lehrer über die Schüler spricht, hin zu einem Abend, an dem die Schüler selbst ihren Eltern ihre ausgewählten Arbeiten zeigen, gehört mit zu den schönsten Kapiteln dieses wunderbaren Buches.[10]

---

[9] vgl. Rüdiger Iwan, „Das Prinzip Kochlöffel. Zur Neukonzeption der 12. Klasse" in: *Erziehungskunst* 11/02, S. 1199ff.

[10] Hebert, S. 85ff.

Der 'Kontext Eltern' ist offensichtlich hinreichend, um das Wahlverhalten der beteiligten Schüler zu qualifizieren. Eigentlich geht es dabei um die Entwicklung einer inneren Lesekompetenz, das Auslesen-Lernen aus den eigenen Arbeiten für andere (statt, wie im bisherigen Schulsystem, nach so genannten objektiven Normen ausgelesen, sprich: selektiert zu werden). Es geht darum, den Kindern ihr „selbstständig entwickeltes natürliches und erfolgreiches Lernverhalten" nicht mit dem Eintritt in die Schule frühzeitig auszutreiben.

> „Wir Lehrer scheinen diesen Tatbestand, dass die Kinder schon individuell lernend bei uns in der Schule ankommen und in der Regel ihren eigenen Lernstil schon gefunden haben, regelmäßig zu übersehen (...)"[11]

Das scheinbar so simple Sammeln und Auswählen zum Zwecke des Vorzeigens kann die Beteiligten ermutigen, sich selbst als Lernende zu begreifen, auch in der Schule ...

Reflexion

Der Schritt vom Sammeln zum Auswählen und Vorzeigen, gleichbedeutend mit dem Schritt vom „Was" zum „Warum" und „Wie", hilft uns und den Schülern die Augen offen zu halten bzw. zu öffnen für die Einzigartigkeit des je eigenen Weges. Und das, was damit veranlagt wird, kann in späteren Jahren als Reflexion des eigenen Lernweges bewusst erfasst werden und neben dem Produkt in der Mappe einen gleichwertigen Rang erhalten.

> „Mit der ausdrücklichen Aufforderung zu intensiver Lernreflexion und ihrer Anerkennung als Leistung deutet sich eine Akzentverschiebung bei den Bildungszielen an. Es geht im modernen Unterricht nicht nur um den Erwerb vorgetragenen Wissens,

---

[11]   Thomas Jachmann, „Autonom lernen", in: *Erziehungskunst* 02/04, S. 167.

sondern verstärkt um dessen Erarbeitung und die Entwicklung von Urteilsfähigkeit sowie Selbststeuerungskompetenz."[12]

Nicht nur in dem, *was* jeder einzelne leistet, sondern (und eigentlich mehr noch) in dem, *wie* er arbeitet, zeigt sich die Individualität des Lernenden, lernt er sich selbst als Lernenden zu begreifen. Es wird zu zeigen sein, dass wir, wenn wir von Reflexion sprechen, damit nicht eine irgendwie intellektuell geartete Sicht auf und über eine Arbeit meinen, sondern eigentlich den wesentlichen Teil eines Portfolios, eine seiner geheimen Herzkammern betreten und damit insbesondere den fühlenden Menschen stärken.

Zwei alternative Formen der Leistungserbringung gibt es. Die eine, seit Einführung des Berechtigungswesens bis heute übliche stellt den Schüler unter Kuratel, der Lernweg bleibt folglich außen vor. Es zählt nur, was im staatlich verordneten Zeitkorsett an Leistung erbracht und abgeliefert wird. Die andere – eine Folge der „Akzentverschiebung bei den Bildungszielen" – gibt dem Schüler die Freiheit, auf eigenen Wegen zum selbst gesteckten Ziel zu wandeln. Das wiederum macht Reflexion zum 'Muss'. Wie oft sind Jahresarbeiten das Ergebnis kurzfristiger Bemühungen, die am Abend der Präsentation zwar blenden, deren Glanz aber rasch erlöschen würde, wäre die Reflexion des Lernwegs (notwendiger) Bestandteil dieser freien Form. Es gibt also auch nüchterne Argumente, die man unbestreitbar ins Feld führen kann für die Entwicklung des fühlenden Menschen.

Formen förderlicher Bewertung ...

Offensichtlich stärkt Portfolioarbeit die individuellen Rechte des Lernenden dort, wo Schule in ihren entwickelten Formen institutionalisierten Lernens diese regelmäßig schwächt. Das fängt damit an, dass dem Schüler Aufgaben nicht nur gestellt werden, sondern er sie selbst ergreifen lernt. Es setzt sich entscheidend fort, indem der Blick vom

---

[12] Felix Winter, „Person-Prozess-Produkt. Das Portfolio und der Zusammenhang der Aufgaben", in: *Friedrich Jahresheft* 2003, S. 79.

„Was" auf das „Wie" gelenkt wird, vom Inhalt auf die Wege, auf denen sie sich erschließen, um sich dann ein Terrain zu erobern, das auf der Landkarte schulischen Lernens bislang wie ausgelöscht erscheint: Die Beurteilung der eigenen Leistungen.

Ihre verbreitetste Form lässt sich aus dem Berechtigungswesen ableiten, am besten dem Abitur in seiner zentralen, süddeutschen Form. Der Vorgang der Beurteilung verliert sich in der Anonymität. Der vom Erstkorrektor erfolgreich vollzogene Transfer der vorliegenden Leistung in eine Ziffernzensur wird weitergeleitet an den Zweit-, gegebenenfalls den Drittkorrektor und verschwindet damit endgültig hinter dem Schleier staatlich verordneter Uneinsehbarkeit. Schlussendlich erhält der Betroffene selbst nur das Ergebnis: die über ihn verhängte Note. Ob gut oder schlecht (in Punkten: 12 oder 3), der Schüler hat das Urteil anzunehmen. An seinem Zustandekommen ist er nicht beteiligt. Die Botschaft ist so alt wie die Übernahme der Schule durch den Staat und dient bis heute der Heranbildung einer Untertanenmentalität.[13]

Was macht Portfolio? Es kehrt den historisch obsoleten Vorgang um: um 180 Grad! – Der Einzelne, der bereits zum Subjekt des Lernhandelns geworden ist, wird nun auch Subjekt des Bewertungshandelns. Zunächst dadurch, dass die für die Bewertung der Qualität einer Arbeit entscheidenden Kriterien mit ihm zusammen entwickelt werden. Nicht erst im Nachhinein bewertet der Lehrer die Arbeit nach bis zu diesem Zeitpunkt nur ihm einsichtigen Maßstäben. Er entwickelt sie vielmehr von Beginn der Arbeit an zusammen mit den Betroffenen, den Schülern selbst. Nicht genug damit, es lernt der Schüler auch seine Arbeit selbst zu bewerten, am besten bereits im Prozess der Entstehung. Regelmäßig können Arbeiten ausgelegt und wechselseitig begutachtet werden. So sind es die Schüler selbst, die über die Sache miteinander ins Gespräch kommen. Sie begutachten, sie wertschätzen, sie geben sich Hinweise und Tipps für die weitere Arbeit. Sie kritisieren, doch stets mit Blick auf das, was noch verbessert werden kann. Bewertung ist hier nicht endgültig, nicht das Ergebnis nach vollbrachter Leistung, sondern Bestandteil des Arbeitsprozesses – und förderlich.

---

[13]   vgl. Rüdiger Iwan, *Prüfung, PISA und Portfolio*, Heidelberg 2004.

Vom „Einmal Fünf in Mathe, immer Fünf in Mathe", wie es sich manch einer in seiner Schulzeit fürs Leben staatlich hat beglaubigen lassen, bis zu dieser Form förderlichen Bewertens im Prozess ist freilich ein weiter Weg. Doch ist er begehbar, und längst überfällig ist, dass man ihn geht. Mit der abschließenden Reflexion des Portfolios befindet der Schüler selbst darüber, ob und inwieweit er die Kriterien erfüllt hat. Dann erst kommt der Lehrer. Selbsteinschätzung vor Fremdbeurteilung. Der Lehrer gibt Rückmeldung und orientiert sich wie der Schüler auch an den zuvor erarbeiteten Kriterien. Eine Entmachtung des Lehrers? Ja, in dem Maße, wie es notwendig ist, die eigentlich pädagogische Beziehung, die es zu entwickeln gilt, von falscher staatlicher Vereinnahmung zu befreien.[14]

Portfolio und künstlerische Gestaltung

Vom Anbeginn meiner Arbeit mit Portfolio an stand ein Aspekt immer mit im Vordergrund, den ich sonst in der Portfolio-Praxis nirgends berücksichtigt fand. Es ist ein Beitrag, mit dem die Waldorfschulen zur Bereicherung dieser Arbeitsweise beitragen können: Die Frage der künstlerischen Gestaltung, der Form, in die die Inhalte gebracht werden, der Form, die zu den jeweiligen Inhalten passt. Sie beinhaltet eine immer neue Aufgabe, die sich den Schülern stellt und zu einem bewussten Umgang, einem gesteigerten Qualitätsempfinden und einer persönlichen Wertschätzung gegenüber dem eigenen Werk beiträgt.

Eine Mappe, die im Anschluss an die Erkundung eines selbst gewählten Berufes entsteht: Wie soll sie aussehen? Die Mappe über den Zeitungsjournalisten, die Apothekerin, den Monteur beim Flugzeugsitzehersteller oder die Säuglingspflegerin? Sicher wird nicht eine der anderen gleichen. Doch welche Form passt zu welchem Inhalt? Diese anspruchsvolle Aufgabe fängt mit kleinen Übungen zur Gestaltung eines einzelnen Blattes an. Ein Text (ein Stück Papier mit unkenntlichem Gekritzel), zwei Figuren (z. B. Schattenrisse so genannter chinesischer Tangram-Figuren), ein Thema (beispielsweise: „Endlich kommt er ..."), drei verschiedene Elemente also, die auf einem Blatt in eine für den Betrachter

---

[14] vgl. Felix Winter, *Leistungsbewertung*, Hohengehren 2004, S. 185ff.

augenfällige Übereinstimmung zu bringen sind. Eine Anordnung der Figuren und des Textes soll erreicht werden, die mit dem Titel nicht nur inhaltlich, sondern auch formal korrespondiert. Es entstehen so viele Versionen wie Schüler beteiligt sind und die anschließende Besprechung weckt das Gefühl für Gestaltung und steigert das Qualitätsbewusstsein im Umgang mit den Materialien.

Portfolio ist traditionell die Künstlermappe mit ausgewählten Arbeiten. Der damit verbundene Anspruch kann in der Schule zu einem fächerübergreifenden künstlerischen Gestaltungsprinzip erweitert werden. Ob das Fachportfolio in Deutsch oder Mathematik, die Berufserkundungsmappe oder das Freizeitportfolio: Die Arbeiten und Materialien liefern immer auch den Rohstoff und bilden den Ausgangspunkt einer Gestaltungsfrage und befreien gleichzeitig den Anspruch auf künstlerische Arbeit aus den traditionellen Grenzen der Einzelfächer.

Definition, Sinnbild und lebendiger Begriff

Fassen wir zusammen und weiten gleichzeitig den Blick: Ein Portfolio ist eine zielgerichtete und kontextbezogene Auswahl von Arbeiten und Materialien, in der die Lernenden ihre Bemühungen, Lernschritte und Leistungen im schulischen und außerschulischen Bereich darstellen und reflektieren.[15] Wie viel hier auf dem engen Raum einer Definition vereinigt ist! Und der Schüler ist es, der das Verständnis schulischer Aufgabenstellung weitet, indem wir ihm die Möglichkeit und den Rahmen bieten, eigene Ziele damit zu verbinden. Wesentlich ist die Verknüpfung mit dem Kontext, gemeint ist der Zusammenhang, in den das Portfolio gestellt wird. Er weist über den Lehrer hinaus auf die Eltern, die schulische und schließlich (etwa mit der Bewerbung) die außerschulische Öffentlichkeit. Immer gilt es, was entsteht, für jemanden entstehen zu lassen, es aus der Schublade, im schlechteren Fall dem Papierkorb 'aufzuheben' und in einen Zusammenhang zu stellen, der persönliche Wertschätzung mit 'öffentlicher' Wirkung in ein ausgewogenes Verhältnis bringt.

---

[15] zitiert aus unveröffentlichten Materialien, Dr. Thomas Häcker, Heidelberg.

Nicht nur die Arbeiten, sondern Produkte aller Art. Dazu gehören auch die Materialien. So genanntes kooperierendes Material in einem Portfolio kontextbezogen auszuwählen und zu gestalten, ist ungewöhnlich. Zunächst findet man in den Mappen angehäuftes Material. Beispielsweise in den bereits erwähnten Berufserkundungsmappen. Man war beim Apotheker oder Flugzeugsitzehersteller und hat eine Fülle von Informationsbroschüren mitgebracht. Aus dieser Fülle das begründet (!) auszuwählen, für den Leser so darzustellen, dass es sich sinnvoll einfügt und nicht nur angehängt wird, ist gleichbedeutend mit einem 'Kultursprung'. Man lernt aus der Informationsflut das zu retten, was für die eigene Zielsetzung und im Kontext der eigenen Darstellung Sinn macht. Sich selbst lernt man aus der Informationsflut heraus zu heben. Eine Übung von kaum zu überschätzendem Wert!

Nicht minder wertvoll ist der Dreischritt, der in unserer Definition folgt: Bemühungen, Lernschritte und Leistungen. Womit deutlich wird, dass im Portfolio nicht nur Endergebnisse, fertige Produkte in Erscheinung treten (für diesen Typus von Portfolio wird der Begriff 'showcase', Schaufenster- oder Produktportfolio verwendet), sondern auch Prozesse dargestellt werden. Und auf Prozesse kommt es bekanntlich an, wenn es um Kunst geht. Also können auch schon Bemühungen aufgezeigt werden, Arbeiten in ihrer Entstehung: Verschiedene, aufeinander folgende Versionen einer Arbeit mit dem Ziel, dass der Schüler daran lerne, seine Lernschritte zu erkennen, indem er sie anderen aufzeigt.

Hiermit beginnt einer, der gewöhnlich mit dem Empfang der Lehrerkorrektur den heimlichen Appell an die eigene Bequemlichkeit verinnerlicht hat, zum Selbstverbesserer seiner eigenen Arbeit zu werden. (Der Fachausdruck hier ist Prozessportfolio. Prozesse und Produkte werden nicht nur dargestellt, sondern auch reflektiert. Aber das ist streng genommen in allem Bisherigen bereits enthalten. Der Schritt vom Sammeln zum Auswählen, das eigene Ziel, die Antizipation des (menschlichen) Kontextes, die Darstellung einzelner Lernschritte, all das sind Reflexionsleistungen, die die Beschäftigung mit den Inhalten um eine wesentliche Dimension erweitern, nach außen wie nach innen.

Die Metapher, die die Portfolioarbeit für mich in den Rang des Sinnbildlichen hebt, ist die der Brücke. In alle Richtungen kann sie entstehen und gemeinsam mit den Schülern können wir sie begehen. Ihre auffälligste Verbindung ist vielleicht die zwischen den Bereichen des schulischen und außerschulischen (des formalen und informellen) Lernens, die Überbrückung der wohl tiefsten Kluft, die wir dem Staat seit Errichtung seiner Observanz über die Schulen und der anschließenden Konstitution des formalen Berechtigungswesens verdanken. Doch werden die Stimmen lauter, die uns sagen, dass der Mensch bereits vor dem Eintritt in formale Bildungsgänge lernt und es anschließend ein Leben lang weiter tun sollte. Neben den Bemühungen um eine lebensgemäße Vermittlung der Inhalte durch die lebendige Lehrerpersönlichkeit kann – zur Überbrückung der Kluft zwischen Schule und Leben – Portfolio ein wesentliches Mittel sein.

Der Begriff, der die Portfolioarbeit lebendig und lebensvoll verständlich macht, ist der der Beziehungsfähigkeit. Man überprüfe alles bisher Gesagte. Immer wird man, zwischen Darstellung und Reflexion, Ziel und Kontext, schulischem und außerschulischem Bereich auf die Qualität einer Wechselbeziehung zwischen Ich, Objekt und Mitmensch stoßen, auf einen Raum, den der Schüler mit den Beteiligten gemeinsam zu gestalten lernt.

In den Bundesländern mit Zentralabitur werden die Abschlussklausuren nach ihrer Fertigstellung verschlossen und bleiben so lange selbst dem Zugriff ihrer Hervorbringer entzogen, wie die Rechtsansprüche brauchen, um zu verjähren. Auch im Anschluss an diese Frist zeichnet sich, soweit mir bekannt, kein Interesse an den Arbeiten der heranwachsenden Generation in der Öffentlichkeit ab. Den Zustand staatlich verschuldeter Isolation unserer Bemühungen um Bildung in den Reichtum der ihr innewohnenden Beziehungen zu überführen, ist Aufgabe der Portfolioarbeit. Fast formelhaft möchte man formulieren: Ein Portfolio ist so gut, wie die Beziehungen vielfältig sind, die dadurch entstehen.

Die Einführung der Portfolioarbeit

Die Frage einer altersgemäßen Einführung der Arbeit mit Portfolio soll in diesem Buch angesprochen, aber nicht erschöpfend behandelt werden. Sich unter diesem speziellen Gesichtspunkt der Sache zu nähern, sei allen interessierten Praxisforschern anempfohlen. Doch möchte ich in diesem Zusammenhang einen Verdacht äußern und, wenn schon nicht erhärten, so doch mit einigen, wie ich meine, interessanten Beobachtungen unterlegen.

Auf einer Tagung mit dem einschlägigen Titel „Wie Kinder lernen"[16] wurde den vielen hundert Besuchern (in der Mehrzahl Lehrerinnen und Lehrern) der Blick auf eine Zukunft eröffnet, die für die meisten der Anwesenden bereits begonnen hat. 'Uns' würde, so hieß es, mit jeder neuen Schülergeneration in verstärktem Maße das ins Haus stehen, womit wir heute schon zu kämpfen hätten, nämlich dass Kinder immer früher immer individueller würden und sich folglich im Klassenverband immer schwerer 'steuern' ließen. In einem Vortrag gar wurde prognostiziert, „demnächst bereits" säßen, beispiels-weise in einer zehnten Klasse, also in einer Runde von 15-16-Jährigen, alle Klassenstufen von mindestens der Siebten bis zur Zwölften neben-einander, falls sie dann noch sitzen blieben ...

Gesetzt den Fall, die Prognosen treffen zu (und ich zweifle nicht daran), was können wir dann tun? Wie gewohnt weiter unterrichten, was für die Klassenstufen im Lehrplan steht? Wohl kaum! Soll es doch schon bald *die* Klassenstufe, auf die er dann zuträfe, gar nicht mehr geben. Folglich sind Schüler vor allem nicht länger in Klassenverbänden unterrichtbar (was gelegentlich schon heute nicht mehr gelingt). Also: Aussitzen gilt nicht! Schließlich ist Individualisierung nicht nur ein 'individueller', sondern ein menschheitlicher Akt und als solcher schlichtweg irreversibel. Eher wird dieser Prozess die Schulmauern von innen sprengen, als dass wir wie gewohnt dahinter weiter machen können. – Wir sollten rechtzeitig auf Mittel sinnen, die Waldorfschule zu wandeln, auf dass im Zeichen

---

[16] Tagung in Stuttgart vom 23.-25. Januar 2004.

26

unaufhaltsamer Individualisierung nicht allein deren Schatten auf sie fallen, sondern sie in deren Lichte zu stehen lernt. Mit Portfolio wird ein solches Mittel vorgestellt.

Ein Blick in die Unterstufe

In der ersten Klasse der Waldorfschule Schwäbisch Hall ereignet sich alltäglich mit schöner Regelmäßigkeit das Folgende: Die Schülerinnen und Schüler holen, nachdem sie ihre Straßenschuhe ausgezogen und die Klasse in Hausschuhen betreten haben, aus ihrem Ranzen etwas, was sie sich zu Hause erarbeitet und für die Schule mitgebracht haben. Beileibe nicht das, was wir gewöhnlich unter Hausaufgaben verstehen. Die gibt es dort – im verbreitet restriktiven Sinne – nicht. So kann neben dem Bild aus dem Unterricht, das der Schüler gerne zu Hause fertig stellen wollte, auch das Glas Marmelade zu stehen kommen, weil gestern daheim eingemacht wurde und die Schülerin, die dabei geholfen hat, ihre Leistung gerne zeigen möchte. Es befinden sich also Produkte formalen und informellen Lernens in ungewohnt trautem Nebeneinander und im Mittelpunkt des allgemeinen Interesses. Tatsächlich im Mittelpunkt, hat doch der Klassenlehrer, Martin Carle, sein Zimmer dem so genannten Bochumer Modell[17] entsprechend umgestaltet. Statt der Bänke, die die Klasse in der Regel füllen, schafft ein großer Teppich den Freiraum, der die Geschenke der Schüler an den Unterricht aufnimmt. Nicht genug, dass die Leistungen direkt vorliegen, jeder Unterricht beginnt damit, dass der Lehrer mit den Schülern in der Mitte – vor den Augen der 'Öffentlichkeit' – die Arbeiten begutachtet und die Bringer und Geber dabei in ein kleines Gespräch verwickelt. Dass hier der Rahmen für Leistung weiter gesteckt, Gewohnheiten veranlagt werden, auf die später sinnvoll aufgebaut werden kann, dürfte deutlich sein. Wesentlich ist, dass bereits zu diesem frühen Zeitpunkt die Beziehungen der Schüler untereinander auf eine sachbezogene Grundlage gestellt werden, was sich für die sozialen Beziehungen in einer Klasse als entschieden heilsam erweisen kann. Nicht zu vergessen die Wertschätzung, die hier in elementarer Weise

---

[17]   vgl. Wolfgang M. Auer, „Bochum, eine alte Schule wandelt sich", in: *Erziehungskunst,* Oktober 1998, S. 1119ff.

erfahren, später in der Oberstufe in allen elaborierten Formen, von der Selbst-, über die wechselseitige bis zur beauftragten Bewertung entwickelt werden kann.

Und wer wollte behaupten, dass all dies in dieser Ersten verfrüht wäre?

Nun hat meine Kollegin, Brigitte Pietschmann, selbst sehr interessiert an den im vorliegenden Zusammenhang erörterten Fragen, nach etwa einem halben Jahr gemeinsam mit den Schülern besagter Klasse noch ein weiteres *essential* einer neuen Lernkultur eingeführt: Den Rückblick auf das eigene Lernen. Reflexion bereits in der Ersten? Wie das? Etwa so: Zunächst hatte jeder sein (großes) Blatt für die Bearbeitung von vier Aufgaben vorzubereiten und in vier Felder aufzuteilen. Nachdem die Kinder so gezeigt hatten, wie sie diesmal eine Aufgabe ohne Hilfe des Lehrers bewältigen konnten, die sie mehrfach bereits unter seiner Anleitung bewerkstelligt hatten, hieß es: „Und jetzt schreibt jeder auf seine Seite all die Buchstaben auf, die er bisher gelernt hat." – Und welche Frage war die erste, mittels derer sich die Schüler vielstimmig von vielen Seiten bei der Lehrerin ihrer Aufgabe vergewissern wollten? – „Alle Buchstaben, oder nur die, die wir in der Schule gelernt haben?" – „Alle!!" – Und so wurde denn zurückgeschaut, erinnert, aufgemerkt und geschrieben und den Kindern das selbstständige, natürliche und erfolgreiche Lernverhalten, mit dem sie vertrauensselig die Schule betreten, einmal weniger ausgetrieben und statt dessen fruchtbar mit einbezogen.[18] Zum Schluss übrigens durften die Erstklässler malen. Ein Bild, auf dem sie zeigen sollten, wo und wann sie am liebsten Lesen und Schreiben lernen. Wie mir meine Kollegin versicherte: Die meisten Kinder malten Situationen, die eindeutig nicht schulischer sondern eher häuslicher Natur waren. Daheim, auf der Couch, auf dem Schoß der Mutter, da läßt sich's gut lesen lernen.

Mir kam dabei ein Verdacht! Doch ehe ich ihn äußere, möchte ich ihn noch mit weiteren Beobachtungen unterlegen. Sie stammen nicht aus der ersten, sondern ausgerechnet aus der letzten Klasse der Waldorfschule

---

[18] vgl. Thomas Jachmann, „Autonom lernen", in: *Erziehungkunst*, Februar 2004, S. 166ff.

und werden im Kapitel „Diese Mappe wächst mit mir" ausführlicher beschrieben. Allerdings gehören sie bereits hierher, weil ohne sie mein Verdacht nur angedacht bliebe. Ich hatte mir mit einer Gruppe von Zwölftklässlern einige Wochen lang Zeit nehmen können, auf das Lernen aller zurück zu blicken. Wir hatten, um die Sache ins Blickfeld zu bekommen, unseren Horizont auf den Zeitraum von etwa fünf Jahren beschränkt. Und nach einer längeren Ansprache lautete die kurze Aufforderung, jeder solle sich an das erste Ereignis zu erinnern versuchen, bei dem er etwas Wesentliches gelernt habe. Ich bin mir sicher, dass ich durch meine einleitenden Worte den Blick auf die Vielfalt all der Dinge zu lenken trachtete, die 'jedermensch' in ihrer und seiner Waldorf- schulzeit von Mathematik, über Malerei, Landwirtschaft bis zum Theater erlernen kann. Das Auffällige aber war, dass einer Vielzahl von Schülern bei dem Stichwort „Lernen" die Schule erst gar nicht in den Sinn kam. Sie erzählten von ihren Lernerfolgen, die vom Filmvorführen im städtischen 'Vorzeitkino' bis zur freiwillig mit behinderten Menschen verbrachten Freizeit reichten. Es war später nicht schwer, die Brücke zurück zur Schule zu schlagen, aber mehr als die Hälfte hatte spontan an einschneidende Lernerlebnisse gedacht, die sich alle dadurch auszeichne- ten, dass sie sich dort ereignet hatten, wo wir Lehrer sie gewöhnlich nicht vermuten: In einem Bereich, den wir (wahrscheinlich seit der Erfindung der Schule) gern als das „Leben" bezeichnen.

Als mir meine Kollegin dann von der Reaktion der Erstklässler auf ihre Frage berichtete („Alle Buchstaben?"), musste ich mich an die spontane Reaktion meiner Zwölftklässler erinnern, insbesondere an einen Schüler. Er hatte sich während unserer 'Schatzsuche' fast beiläufig einmal so geäußert:„Etwas ungewohnt, das Ganze. Eigentlich weiß ich nur, was ich *nicht* kann. Also ehrlich, man guckt doch nur auf die Defizite. Und jetzt soll ich sagen, was ich gelernt habe?" Immerhin hat er es geschafft, und die kopernikanische Wende von der Fehlerfahndung zur Aufdeckung der eigenen Stärken fiel ihm wahrscheinlich nicht einmal schwer. Doch musste ich an seine Worte denken in dem Augenblick, als meine Kollegin mir von dem großen Teppich aus der Ersten erzählte, auf dem sich das fertig gestellte Bild aus dem Unterricht neben der eingemachten Marme- lade von daheim einfindet und der Lehrer allmorgendlich die mitge- brachten Gaben wertschätzen lernt und lehrt.

Nun sei hier der bereits angedeutete Verdacht doch noch in Worte gefasst: Es zeigt sich bereits jetzt und wird sich in Zukunft immer mehr erweisen, dass die Frage nach der Altersgemäßheit so, wie wir gewohnt sind, mit ihr umzugehen, nicht mehr greift. Die „Ab wann kann man denn"-Frage führt im Zeichen fortschreitender Individualisierung ins Abseits der Entwicklungslosigkeit. Etwas wird sich hinfort durchziehen. Es stört das gewohnte Denken in Altersgemäßheiten und Altersstufen auf. Es ist die Individualität, die von Anbeginn der Konzeption auf Erden am Werke und jenseits aller Stufungen immer sehr aktiv ist. Natürlich sieht das Rückblicken, Sammeln, Auswählen, sieht die Reflexion und Bewertung in den verschiedenen Klassenstufen jeweils ganz anders aus, aber alles sollte immer vorhanden sein, wie eben das menschliche Ich. Es geht nur um das altersgemäße „Wie", nie um das „Ob" und „Ab wann".

Dann ist es mir begegnet, dieses altersgemäße „Wie", auf dem Pausenhof unserer Schule, an einem schulfreien Samstag. Ich war eben dabei, das letzte in der Reihe der Fortbildungsseminare, die meine Kollegin Brigitte Pietschmann alljährlich für KlassenlehrerInnen von der Ersten bis zur Achten veranstaltet, mit ihr gemeinsam zu moderieren. Über Portfolio! Wir gingen gerade durch das Foyer unseres Oberstufengebäudes in Richtung Pausenkaffee. Dort waren uns bereits die Elftklässler begegnet, die ausgerechnet an diesem Tag ihre Jahresprüfung (in der uns eigenen Form) absolvierten.[19] Auf dem Weg zum 'heiß' ersehnten Kaffee stellte sich uns das „altersgemäße Wie" in den Weg. In kleinen Gruppen saß es herum und bestand aus Eltern mit ihren Erstklässlern. Überall verstreut in unserem weitläufigen Gelände waren sie zu finden, in einer Anordnung, wie sie ein Maler mit Sinn für die Idylle wahrhaftig nicht besser hätte arrangieren können. Mama und Papa beugten sich über Arbeiten, die ihr Kind für sie ausgewählt hatte. So durften wir Johanna über die Schulter schauen, die eben – voll Stolz und ohne ihren Klassenlehrer – zeigte, was sie im vergangenen Jahr alles gelernt hatte. – Ganz ähnlich machen wir das in der Oberstufe auch, dachte ich. Jedenfalls scheint es wirklich nicht um das „Ob" und „Ab wann" zu gehen. Nur das „Wie" ist in Entwicklung!

---

[19]   vgl. Kapitel „Portfolio und Prüfung", S. 40 ff.

Für die Mittelstufe

hat Rudolf Steiner eine deutliche Anregung gegeben, die – folgt man an dieser Stelle Karl Stockmeyer – von den Lehrern seinerzeit hartnäckig übersehen wurde und bis heute übersehen wird! Freilich war sie nicht allein auf die Mittelstufe gemünzt und es ist meine persönliche Auffassung, dass sie hier in der von Steiner gegebenen Form besonders angebracht ist. Jeder, der sie aufgreifen will, möge sie selbst prüfen. Es geht um die Frage der Wiederholung, die ja jedem Waldorflehrer aus der Menschenkunde Rudolf Steiners hinlänglich vertraut ist.[20] Zunächst! Nur dass sie in „Rudolf Steiners Lehrplan für die Waldorfschulen" in einem wenig vertrauten Zusammenhang erscheint. Da geht es nämlich nicht darum, diese Tugend im Einzelunterricht und den damit verbundenen Tätigkeiten zu üben, sondern um den Wert dieses Prinzips im Jahresverlauf. Es geht um die Zeitgestalt des gesamten Schuljahres!

Stockmeyer führt drei Zitate Rudolf Steiners an, in denen dieser aus drei verschiedenen Anlässen in je unterschiedlichem Wortlaut immer ein und dieselbe Sache anspricht: Dass „wir am Ende des Schuljahres Repetitionen folgen lassen, wodurch aufgefrischt wird, was im Anfang durchgenommen wurde." Für die Lehrer im Dornacher Weihnachtskurs empfiehlt er, diese „Rekapitulation" in einen „hübschen Zusammenhang" zu stellen. Stockmeyer resümiert, dass die „epochenweise Behandlung aller Hauptunterrichtsgebiete ihre Ziele schon nach drei Vierteln des Jahres erreicht haben sollte, und daß man dann in eine stundenplanmäßige Wiederholung aller dieser Fächer übergehen sollte." Nicht nachvollziehbar aus den angeführten Zitaten Steiners scheint mir Stockmeyers Schluss auf einen 'Dreiviertelrhythmus'. Ganz befremdlich aber ist seine Bemerkung, dass „das (gemeint ist die Notwendigkeit der Rekapitulation) nicht durchgeführt (...), aber auch nie von Rudolf Steiner zurückgenommen oder abgeändert (wurde)". Tatsächlich bekräftigt dieser noch in Oxford 1922: „Nur in den letzten Wochen eines Schuljahres werden die Materien wiederholt, so dass eine Art Zusammenfassung für das Schuljahr da ist. Dadurch wächst das Kind ganz mit irgendeiner Materie zu-

---

[20] vgl. Rudolf Steiner, *Allgemeine Menschenkunde als Grundlage der Pädagogik*, GA 293, 4. Vortrag.

sammen."[21] Das heißt: Steiner setzt 1922 etwas als selbstverständlich für die junge Waldorfschule voraus, was dort seit der Gründung 1919 so nie gemacht wurde.

Aber welche Reaktion erfährt man heute, wenn man diese Ausführungen der inzwischen in die Jahre gekommenen Bewegung vorhält? Nicht selten die: Man nimmt sie, etwas belustigt zwar, aber im wesentlichen doch als Zumutung zur Kenntnis und geht infolgedessen mit den eigenen Fragen dazu entschieden auf Distanz. Denn: Wie soll *ich* denn *dann* noch mit *meinem* Stoff durchkommen? Die Reaktion hat etwas Verräterisches, nehmen wir doch, streng genommen, Stoff nie einfach durch. Steiner warnt ja nachdrücklich davor, dass „dem Stoff sich verschreiben, (...) Seelen zerreiben" heißt.[22] Also müssten wir dem Stoff wohl den unrechtmäßigen Status des Selbstzweckes – zum Wohle der Kinder – rauben, ihn im Zuge seiner Anverwandlung durch uns zu einem entwicklungsfördernden Mittel werden lassen, statt die Aufmerksamkeit der Kinder wie zwischen unsichtbaren Mühlsteinen zu zerreiben. Gelingt uns die Stoffverwandlung, sollten wir das Kind auch mit dem, was wir ihm 'beigebracht' haben, ganz zusammenwachsen lassen: Durch Wiederholung in einem „hübschen Zusammenhang".

Letzthin fiel mir ein außerordentlicher Vortrag in die Hände, der, von einem ehemaligen Richter des Bundesverfassungsgerichtes 1985 in Stuttgart gehalten, zu den seltenen Texten gehört, die mit den Jahren jünger werden statt zu altern. Professor Willi Geiger führt darin an einer in unserem Zusammenhang interessanten Stelle aus:

> „Und wenn ich versuche, mich zu erinnern, dann war ein ins Auge fallender Unterschied zur Schule von heute, daß damals die Schule Zeit hatte. Wir wurden nicht durch den Stoff gejagt. In der Volksschule war es weniger auffallend, aber in den weiterführenden Schulen unübersehbar: Am Ende eines Schuljahres war in den sogenannten Lernfächern (Mathematik, Sprachen) sechs Wochen Zeit, das im Lauf des Jahres Gelernte oder 'zu Lernende' nach

---

[21] alle Zitate E. A. Karl Stockmeyer, *Rudolf Steiners Lehrplan für die Waldorfschulen*, Stuttgart 1976, S. 39, 40.

[22] Rudolf Steiner, *Wahrspruchworte*, GA 40, Dornach 1998, S. 156.

allen Regeln der Kunst zu wiederholen. Ein Lehrer, der das nicht schaffte, war in unseren Augen (in den Augen der Schüler) ein schlechter Lehrer."[23]

Was also könnte der tun, der in den Augen der Schüler eine gute Lehrerin resp. ein guter Lehrer werden will? Der sich der existenziellen Frage zu stellen wagt, wer er ist, wenn er nichts mehr durchnimmt und sich durch diesen mutigen Schritt (eigentlich ist es ja eine Art produktiven Auf-der-Stelle-Tretens) die Erfahrung eines entspannteren und pädagogisch wirksamen Zugehens auf die Sommerferien verschaffen möchte? – Nehmen wir an, es ist der Klassenlehrer, muss er seine Inhalte rechtzeitig auf den Prüfstand der Unterrichtsökonomie gestellt und als vorläufiges Resultat einen Freiraum von, sagen wir, drei Epochenwochen erzielt haben. Das ist – gegenüber dem ursprünglich geforderten Vierteljahr – ein zugegeben bescheidenes Resultat, aber doch ein brauchbares. In dieser Auszeit für das fortgesetzte Lernen kann er sich nun mit dessen unbeachteten Seiten tiefer vertraut machen. Vielleicht in Zusammenarbeit mit den Fachlehrern und sicher auch nicht eingeengt auf *nur* bestimmte Unterrichte (hier wird nichts und niemand ausgenommen). Das Ganze ist einzig eine Frage der Organisation.

Da sich aber gerade diese als heikel herausstellt (und in puncto Zusammenarbeit tut sie das gerne grundsätzlich), kann der Klassenlehrer zunächst bei sich anfangen. Vielleicht, indem er jeder im Schuljahresverlauf durchgenommenen Epoche in seinen drei Wochen Rückblick nunmehr drei Tage widmet. Die Schülerinnen und Schüler haben ihre Epochenhefte mitgebracht und gemeinsam schaut man zurück. Dann aber kommt das Entscheidende! Jeder darf wählen. Unter Fragestellungen wie beispielsweise „Welche Arbeit aus dem Epochenheft möchtest du dir noch einmal vornehmen (die Zeichnung wie die Rechenaufgabe) und verbessern?" entsteht im Laufe der Wochen ein Auswahlheft. Gelingt es nun (und lassen die Verhältnisse in der Klasse das zu), den Unterricht so zu organisieren, dass die Schüler weitgehend selbstständig an ihren Verbesserungen arbeiten, dann wird aus unserem mutigen Pionier der vielbeschworene Lernbegleiter, der – quasi von der Seite – das Lernen

---

[23] Willi Geiger, „Die kindgerechte Schule", in: *Fragen der Freiheit*, Heft 177, November/Dezember 1985, S. 10.

tatsächlich ganz anders als aus der vertrauten Sicht von vorne wahrnimmt. Das Lernen jedes Einzelnen. Und selbstverständlich sollten diese Bemühungen dann in einem „hübschen Zusammenhang" stehen, am besten in dem natürlichen, den die Eltern bilden. Auf einem Schüler-Elternabend könnte jeder an seinem 'Jahreszeitentisch' seine ausgewählten Gaben zeigen. Dann wären die Eltern an der Reihe zu wählen. Einen Platz zunächst bei einer Mitschülerin oder einem Mitschüler von Tochter oder Sohn, um sich dort näher in die Auswahl, in die Arbeit und die zurückgelegte Wegstrecke einführen zu lassen.

Soweit einige Vorschläge, um anzuregen, was jeder vielfältig anders ausgestalten kann. Inzwischen gibt es glücklicherweise entschiedene Pioniere und es liegen erste Erfahrungen vor, die es ratsam erscheinen lassen, baldmöglichst den gegenseitigen Austausch und die Anregung für weitere Interessenten zu organisieren ...

Integrierte Jahresarbeit in der Oberstufe

Sprechen wir zunächst über die klassische Jahresarbeit, wie sie ihre Erfinder „im Gegensatz zu den fremdbestimmten Anforderungen der – im Zuge staatlicher Observanz – vergleichbaren Abschlüsse" 1965/66 an der Rudolf Steiner Schule Bochum initiiert haben:

> „Angestrebt wurde eine sachorientierte Erprobung der individuellen Fähigkeiten an einer selbstgewählten Aufgabe über die Dauer von etwa 10 Monaten. Erreicht wurden für nahezu alle Schüler der Abgangsklasse tiefgreifende Erfahrungen im Umgang mit der eigenen Person und mit der Arbeitsgemeinschaft der beteiligten Gruppe."[24]

Wie nun, wenn man dieses Erfolgsmodell weiter entwickelte und es nicht nur einmalig von der Elften zur Zwölften und außerhalb der Unterrichte umzusetzen, sondern in die Unterrichte selbst zu integrieren versuchte? In alle Unterrichte der Oberstufe! – Der Stoff, ich weiß! Ausgerechnet in

---

[24] Aus: *35 Jahre Jahresarbeiten an unserer Schule*, unveröffentlichter Manuskriptdruck. Vorwort von Frank de Vries.

der Oberstufe! Jetzt, wo alle nur eines zu wollen scheinen, den Abschluss, es aber dringlicher denn je um den Aufschluss (von Lebensperspektiven) und den Anschluss (in Ausbildung und Beruf) gehen müsste.

Die „sachorientierte Erprobung der individuellen Fähigkeiten an einer selbstgewählten Aufgabe"[25] kann zum Unterrichtsprinzip werden. Beispielsweise in einer Epoche. Sie im Sinne des Modells der „integrierten Jahresarbeit" so zu ermöglichen, dass der Schüler sich in ihrem Verlauf sein Initiativrecht auf Leistung nehmen kann, heißt freilich vieles neu und bereits im Vorfeld zu bedenken. Die Rahmenbedingungen müssten sich ändern. Der dafür gegebene Zeitraum sollte mindestens vier Wochen umfassen. Die ersten drei blieben dem mehr darstellenden Unterricht vorbehalten, die letzte gehörte den Schülern und ihrer Arbeit an der selbstgewählten Aufgabe. Nur, wie kann das in einem Klassenzimmer mit 35 Schülern geschehen? Die räumlichen Verhältnisse geraten in den Blick und dürften in den seltensten Fällen für diese Art des Arbeitens geschaffen sein.

Auch wird – im Übergang vom geführten zum freieren Unterrichtsstil – der Schülerreflex (Unterricht ist nur, wenn der Lehrer vorne steht) wirksam und nicht leicht in einen angemessenen Arbeitsstil umzuwandeln sein. (Schließlich haben wir es ihnen ja so beigebracht.) Insbesondere muss der Übergang vom allgemeinen Unterricht zur individuellen Themenwahl sorgfältig gestaltet werden. Sicher geht es nicht um die Referatliste, die der Lehrer den Schülern, am besten fertig und gleich am ersten Tag, vorlegt. Vielmehr sollte mit jeder Epoche ein Rahmen abgesteckt werden, innerhalb dessen die Schüler sich mit ihrer Themensuche frei bewegen lernen. Eine Schülerin aus der 9. Klasse schrieb im Rückblick auf diese neuartigen Epochenverläufe:

„Zunächst wusste ich nicht recht, als es soweit war, welches Thema ich wählen sollte. Ich hatte vergessen daran zu denken. Im Laufe der Zeit bemerkte ich dann, dass ich immer schon mit der Frage nach meiner Frage in die Epoche hineingehen muss."

Die mit der Jahresarbeit seit je verbundenen Elemente selbstorganisierten Arbeitens können so wiederholt, über die Oberstufenjahre hinweg erübt,

---

[25] ebenda

vor allem ausgewertet und verbessert werden. So schreibt eine Schülerin aus der 9. Klasse im Rückblick auf ihre Arbeit:

"Da wir solche Arbeiten in diesem Schuljahr nun bereits des öfteren gemacht haben, habe ich mir inzwischen eine bestimmte Vorgehensweise angewöhnt."

Diese 'gute Gewohnheit' selbstständig zu lernen sollten wir in der Oberstufe pflegen. Leistung behält so ihr Gesicht (statt gesichtslos hinter der Note zu verschwinden), bekommt eine Perspektive (statt nur kurzfristig für die nächste Klausur erbracht zu werden). Und sie wird wertgeschätzt! Zuallererst von denen, die sich der Mühe unterzogen haben.

Eine Epoche in der hier angeregten Weise neu zu gestalten, bedeutet, alle Elemente eines guten Unterrichts zu ihrem Recht kommen zu lassen. Zunächst ist der Lehrer an der Reihe, aus seiner Rolle des 'Stoffverwandlers' wird er sich nicht stehlen wollen. Unterricht kann *auch* heißen, dass einer vorne steht und das Interesse der anderen weckt. Die Bemühungen aber zielen auf das eigenständige Lernhandeln der Schüler. Motivieren hieße so letztlich, jedem zu seinem Motiv zu verhelfen. Und an dieser Stelle wird der Lehrer zum Lernbegleiter. Dann kann ein Neuntklässler in der Begründung seiner Themenwahl (nach vier Wochen Biologie) mit kaum verhohlener Begeisterung schreiben:

„Ich habe mich schon immer für Knochen interessiert. Im Unterricht habe ich nun einiges über Gelenke erfahren. Ich aber wollte mehr wissen!"

Im Gegensatz zur klassischen Form der Jahresarbeit, bei der der Schüler (falls keine Vorgaben existieren) keinerlei Beschränkungen unterliegt, bildet bei der „integrierten Jahresarbeit" die Epoche den Rahmen und schränkt die Wahlmöglichkeiten ein. Berücksichtigt man hier aber, dass dieses Prinzip in verschiedenen Epochen (und auch Fachunterrichten) zur Anwendung kommt, wird im Verlauf der Oberstufenjahre ein sehr breites Interessensspektrum abgedeckt und die möglicherweise als Nachteil empfundene Einschränkung wieder aufgehoben. Die Bezeichnung *Jahresarbeit* ist, was den zeitlichen Rahmen solcher integrierter Epochenarbeiten betrifft, freilich irreführend (obwohl manche Schüler ihre Beiträge mit schöner Regelmäßigkeit zu Jahresarbeiten ausweiten).

Unter die vielen Dingen, die neu bedacht werden müssen, gehört somit nicht zuletzt auch die Arbeitsbelastung der Schüler und – im selben Atemzug – die Zusammenarbeit der Lehrer. Dass aufgrund mangelnder Absprachen unter den Lehrern Anforderungen – zur gleichen Zeit und von allen Seiten – auf Schüler eindringen, ist zwar der Normalzustand, doch ist eben der nicht gesund.

Bleibt man in seinen gewohnten Strukturen, etwa einer Klassenarbeit am Ende der Epoche als Leistungsnachweis, ist es unmöglich, der neuen Form Geltung zu verschaffen. Auch das Verhältnis zu den Hausaufgaben wird davon berührt. Klar ist, dass man Abstriche am Alten machen muss, wenn das Neue seine gebührende Stellung bekommen soll. Das Ganze hat keine Chance, wenn man den verbreiteten Fehler macht, das Neue oben drauf zu setzen, um anschließend festzustellen, dass die Schüler in Ablehnung verfallen, wenn zu Hausaufgaben, Epochenheft und Klassenarbeit zusätzlich noch eine Jahresarbeit winkt.

Natürlich berührt dieses Prinzip auch das Verhältnis zum Epochenheft. Dieses kann als Grundlage für die Individualarbeit dienen, auch als Pflichtteil dem Kürteil (Jahresarbeit) zugeordnet werden. Bereits deutlich geworden ist auch, dass ein solches Arbeiten bewusst begleitet werden muss, entsprechend den klassischen Jahresarbeiten, die ja auch von einem Mentor betreut werden. Der gravierende Unterschied liegt darin, dass man nun als Epochenlehrer einen Betreuungsaufwand in Höhe der oftmals nicht unerheblichen Schüleranzahl einer Waldorfschulklasse zu leisten hat. Bevor man vor dieser Anforderung kapituliert, sollte man sich zwei Vorteile vor Augen halten. Der erste, pragmatische: Man integriert den Aufwand in die Epoche selbst und räumt die letzte Woche für die selbstorganisierte Arbeit ein. Gelingt die Organisation im schulischen Rahmen so, dass die Schüler tatsächlich selbstständig tätig werden, kann man die volle Zeit (zuzüglich der in dieser Woche wegfallenden Vorbereitung) in die Betreuung investieren. Der zweite, ideelle: Man freut sich auf die Arbeiten. Anders gesagt, man teilt das Interesse ehrlich mit den Schülern. Wenn eine Schülerin mir etwa am Ende ihrer eigenen Auswertung sagt: „Und dann möchte ich von Ihnen wissen, ob Sie mehr wissen, wenn sie diese Arbeit gelesen haben", kann ich das – anders als bei einer Klassenarbeit – ohne Einschränkung bejahen.

Die neue Kultur bedarf, um sich entfalten zu können, erhöhter Aufmerksamkeit bei den Verantwortlichen. Dieser zunächst etwas exotisch anmutende Arbeitsstil hat dann eine realistische Chance, wenn sich zumindest eine Gruppe von Lehrern innerhalb eines Klassenkollegiums ernsthaft um seine Umsetzung bemüht und ihn nicht mit den gewohnt guten Wünschen dem engagierten Einzelkämpfer überlässt. Eigentlich kann man, wenn die angezeigte Veränderung Schule macht, gar nicht mehr so richtig in Ruhe allein in seinem Fach unterrichten, bemerkt man doch sehr bald, dass erst die inhaltliche Zusammenarbeit die Unterrichtsökonomie ermöglicht, die die Lebenschancen der neuen Lernkultur entscheidend hebt. Also dem Rahmen für die individuelle Themenwahl fächerübergreifende Ausmaße verleihen! Wie? Das eröffnet ein weiteres spannendes Kapitel dieser Arbeitsform ...

Wenn wir weiter wie gewohnt in der Schule die Zeit in das Schema des Nach- und Nebeneinanders pressen, muss sich das rächen. Einfach, indem sich der Druck auf alle Beteiligten erhöht, unsichtbar zwar, aber nur um so fühlbarer. Das geschieht aus dem Grund, weil die Zeit mehr ist als das, was wir durch das System, in das wir sie pressen, zulassen. Die Individualität fordert ihre eigene Zeit, und das wird immer weniger die Systemzeit sein, in die Lehrer sich aus ihrem kollektiven Gewohnheitsleib heraus so gerne fügen. Doch werden wir mit dieser Haltung Schule in nicht allzu ferner Zukunft restlos verunmöglicht haben. Eher wird 'Individualisierung' die Schulmauern von innen sprengen, als dass wir wie gewohnt dahinter weiter machen können.

Wer, wie hier aufgezeigt, Wiederholungsschleifen einbaut, wer das, was er im Unterricht durchnimmt, in die Atempausen hinein zu steigern vermag, kann in Zukunft noch hoffen, Schüler zur Sache, zu sich selbst, und, wie an anderer Stelle noch aufzuzeigen sein wird, zu ungeahnten weiteren Beziehungen zu befähigen. Nur so hat Schule, die an dieser entscheidenden Stelle seit Jahrhunderten lahmt, im Zeitalter der Individualisierung eine Chance, zu ihrer Entwicklungsdynamik aufzuschließen.

Doch ehe ich's vergesse: Die in den Oberstufenklassen im Jahresverlauf entstehenden Arbeiten werden natürlich in einer Portfoliomappe gesammelt! Und am Ende selbstverständlich in einen „hübschen Zusammenhang" gestellt. Bei dieser Gelegenheit wird wiederholt, auch gewählt, auf das Schuljahr zurückgeschaut und ausgewertet. Das kennt man ja nun alles zur genüge aus der Unter- und Mittelstufe. Geht es doch auch diesmal nicht um das „Ob", sondern wieder nur um das „Wie".

Selbstverständlich weisen Wiederholungen wie die hier beschriebene jeweils veränderte Merkmale auf. In der Oberstufe wird der „hübsche Zusammenhang" nicht mehr nur aus Mitschülern, Eltern und Lehrern gebildet, sondern – in einem über die Schule hinaus weisenden Schritt – von der Öffentlichkeit. Teilnahmeformen zu entwickeln, die Gäste aus der Zuschauerrolle befreien und echte Übernahme von Verantwortung ermöglichen, bedeutet einen weiteren Siebenmeilenschritt auf das noch weithin unbekannte Gebiet einer neuen Lernkultur.

Portfolio und Prüfung

Vor einigen Jahren erschien in der Zeitschrift, die den Namen der meisten unserer Schulen so unvergleichlich deutlich in ihrem Titel trägt – *waldorf* – ein Artikel, in dem Bruno Sandkühler sich gegen das achtjährige Abitur aussprach. Der Artikel hat einwandfrei die besten Argumente angeführt, nur war ihm an einer Stelle der Druckfehlerteufel untergekommen und ich bin diesem Druckfehlerteufel sehr dankbar. Sandkühler forderte: „... jede Schule muss in Zukunft ihre eigenen *Abschüsse* haben." Da kann man sich vorstellen, wie man Schüler ins Leben hinausschießt. Das an diese Stelle gehörende Wort „Abschlüsse" ist aber genau so unpassend und die Frage ist, worum es eigentlich gehen sollte. Vielleicht um Aufschlüsse? Gemeint ist, dass wir die Prüfung, die wir als Abschlussprüfung kennen und die wir als Lehrer bis in die Knochen hinein verinnerlicht haben, zu einer Prüfung wandeln (statt vergeblich auf ihre Abschaffung zu hoffen), die der individuellen Entwicklung des Schülers angemessen ist.

Vor vier Jahren haben wir in einer 9. Klasse begonnen, einige ausgewählte Arbeiten, die im Laufe des Schuljahres entstanden, zu sammeln und in einer Mappe zusammenzuführen. Am Ende des Schuljahres wurden die Schüler in einer anderen Weise als für gewöhnlich bei Prüfungen aufgefordert, das, was sie geleistet und gesammelt hatten, den Lehrern vorzustellen. Die Schüler wussten das von Beginn des Schuljahres an. Im ersten Jahr waren die Inhalte der Mappen noch nicht so weit gediehen, wie wir es uns gewünscht hatten. So forderten wir die Schüler auf, sich neben den Mappeninhalten etwas aus dem Verlauf des Schuljahres auszusuchen, was sie gelernt hatten und jetzt gerne vorzeigen würden. Am Tage der Prüfung waren die Schüler sehr aufgeregt, gingen in die Prüfung hinein, stellten sich der Aufgabe und kamen ganz erlöst wieder heraus. Was sie nicht hatten, war Angst. Das war ein ganz wesentliches Symptom. Die Stimmung war wie bei einer künstlerischen Darbietung, nicht wie beim Abitur. Der Geschäftsführer der Schule erzählte von seinem Sohn, der nach dieser Prüfung nach Hause kam, und nachdem er bereits am Mittagstisch begeistert davon erzählt hatte, anschließend im Wohnzimmer zu tanzen begann. Und der Refrain, den er dabei sang, lautete wohl: „Prüfung ist geil. Prüfung ist ...". Er hatte sich offenbar gefreut, dass er seine Lehrer eine halbe Stunde lang hatte unterrichten dürfen und fühlte sich nun veranlasst, seiner Freude Ausdruck zu verleihen.

Auch wir Lehrer bereiteten uns auf die Prüfungen vor in einer Art interner Fortbildung. So habe ich z. B. mit der Handarbeitslehrerin unserer Schule zusammen eine Prüfung durchgeführt. Die Kollegin fühlte sich für diese Aufgabe völlig ungeeignet und brachte das beständig dadurch zum Ausdruck, dass sie sagte: „Du, das kann ich nicht". Und ich erwiderte ebenso beständig: „Doch, das kannst Du." Ich erwähne das nur, um zu zeigen, wie wir in Hall die dazu nötige Personalentwicklung leisten. Sie hat schließlich ihre Sache ganz wunderbar gemacht.

Eine Schülerin ist mir ganz besonders in Erinnerung geblieben. Künstlerisch und musikalisch sehr begabt, stand sie im zweiten Teil der Prüfung unerwartet auf, ging zur Tafel und kündigte an: „Jetzt erkläre ich den Otto-Motor". Das kam aus ihrem Munde doch sehr überraschend. Meine Kollegin und ich stellten ihr dann viele Fragen, zumal uns beiden die Funktionsweise dieses an der Tafel skizzierten Gebildes aus unserer eigenen Schulzeit nicht in der wünschenswerten Weise im Gedächtnis haften geblieben war. Dann aber, in der Auswertungsrunde, äußerte sich eine andere Schülerin (die Gruppen bestanden immer aus drei Personen), eine hoch begabte junge Dame genau dazu: „Also, Herr Iwan, Sie haben eben Fragen gestellt, deren Antworten Sie selbst nicht wussten. Das ist doch etwas merkwürdig." Worauf ich antwortete: „Und was glauben Sie, wie ich Prüfungen finde, bei denen ich alle Antworten im voraus kenne und jede Antwort des Schülers spontan zu einem eigenen Vortrag ausdehnen könnte?" – „Langweilig?" – „Genau!" – „Da haben Sie es diesmal aber interessanter gehabt", meinte sie dann, ein wenig nachdenklicher geworden.

Wir haben an dieser Stelle das Paradigma des objektiven Wissensstandards durchbrochen. Dadurch können insbesondere Lehrer durchaus Probleme bekommen. Man verliert die Kontrolle. Was man aber gewinnt, ist die Ehrlichkeit der eigenen Fragehaltung und die Echtheit der Gesprächssituation.

Im darauf folgenden Jahr haben wir Kollegen anregt, ihren Unterricht so anzulegen, dass es den Schülern möglich wäre, aus dem, was der Lehrer im Unterricht bietet, ein Thema herauszugreifen und sich darin selbstständig zu vertiefen. Das war zu jenem Zeitpunkt der erste Schritt zum Prinzip der integrierten Jahresarbeit. Die Jahresarbeit hat ja den Nachteil, dass sie außerhalb des gewöhnlichen Unterrichtes steht. Wir haben sie, je nach Bereitschaft der Kollegen, in verschiedene Unterrichte integriert. Das ändert einiges. Man braucht z. B. Zeit, so etwas anzuregen und durchzuführen, was sich auf unser Verhältnis zu der Art, wie wir unterrichten, zur Hausaufgabe, zur Klassenarbeit auswirkt. All das fängt an, sich zu bewegen und hat eine notwendige Wirkung auf die Unterrichtsstruktur und das eigene Unterrichtsverständnis.

Ich möchte aus einer der dabei entstandenen Arbeiten einen Passus vorstellen, in dem für mich eine neue Qualität zum Ausdruck kommt. Eine Schülerin hatte sich in der Goethe-Schiller-Epoche und einem damit verbundenen Gerichtsprojekt schlussendlich dafür entschieden, sich näher mit einem der vor Gericht gesehenen Fälle auseinanderzusetzen. Sie hat ihn genau aufgearbeitet und ausführlich dargestellt. In ihrem Nachwort, in dem von Lehrerseite angeregten Blick auf die eigene Arbeit, schreibt sie:

„Ich finde und fand es sehr interessant. Ich frage mich aber: Was interessiert mich eigentlich? Ich konnte es selbst nicht beantworten, bis mir klar wurde, was alles passieren muss, bis man seinen eigenen Großvater beklaut."

Zum Schluss der Betrachtungen heißt es kurz und bündig: „Also: Mich interessiert nicht nur, was jemand gemacht hat, sondern warum." So vertieft die Schülerin durch den Blick zurück auf ihre Arbeit ihr eigenes Interesse an der Sache.

Damit machen wir Schritte in Richtung auf eine Prüfungskultur, die sich der individuellen Entwicklung annimmt und den Jugendlichen nicht, wie von alters her üblich, über den einen staatlichen Leisten schlägt. Viele unserer Schüler, die das erleben, werden später, das garantiere ich bereits heute, den Unterschied zwischen der alten und neuen Form beurteilen

können und überdies für die Absolvierung der gängigen Abschlussprüfungen besser noch als frühere Generationen gerüstet sein.[26]

Vor zwei Jahren hatten wir den Eindruck, dass sich die Arbeiten, die die
Schüler in einer Mappe zusammen gefasst hatten, nicht nur an die Adresse
der Lehrer, sondern insbesondere auch an die der Eltern richteten. Wir
haben daraufhin einen gemeinsamen Eltern-Schüler-Lehrer-Abend
veranstaltet. Nach einem Rückblick auf das Schuljahr – die Mappen lagen
bereits vorher aus – forderten wir die Eltern auf, sich eine Mappe auszuwählen und vom entsprechenden Schüler vorstellen zu lassen. So kamen
Eltern und Schüler etwa eine halbe Stunde lang ins Gespräch, eine
Wertschätzung der Arbeit des vergangenen Jahres, die alle Beteiligten
ausnahmslos als positiv und förderlich erlebten.

Präsentationsformen entwickeln

Hier nun einige Hinweise, um die Suche nach der rechten Form aus der
konkret ja immer „anderen" Situation anzuregen. Es darf also nicht als
Rezept verstanden werden, wenn ich nun schreibe: Bislang hat sich in
der Oberstufe etabliert, dass die Schüler an einem bestimmten Tag vor
Beginn der Sommerferien eine Arbeit, ein Erleben aus dem zurückliegenden Schuljahr zum Ausgangspunkt einer Darstellung vor Lehrern
machen. In der Regel treten so drei SchülerInnen vor zwei LehrerInnen
auf. Was die Schüler daraus machen, hat ein Kollege einmal als „ein
Geschenk der Schüler an die Lehrer" beschrieben, was wohl alle Beteiligten bestätigen würden. Er meinte, 80 % der Schüler würde es gelingen,
ihre Lehrer zu beschenken.

Nun hat sich diese Form auffällig rasch eingebürgert. Bei aller Offenheit
gegenüber dem, was Schüler zeigen wollen, weist die Form Züge einer
Geschlossenheit auf, die eine sich entwickelnde und wirklich neue Prüfungskultur zum Anlass weiterer Gestaltungsbemühungen nehmen sollte.
Ziel ist es, einen Vorgang, der sich bislang hinter verschlossenen Türen

---

[26] Ausführlich in: Rüdiger Iwan, *Prüfung, PISA und Portfolio*, Heidelberg 2004.

abspielt, zu einer Veranstaltung umzuwandeln, die der Öffentlichkeit zugänglich ist und ihr vielfältige Formen der Beteiligung ermöglicht. Das hieße, Bildung zum Bestandteil des öffentlichen Interesses zu machen. Und der Gewinn für die Schüler bestünde (statt in einer Berechtigung) in der Eröffnung von Lebens- und Berufsperspektiven. Die Erfahrungen, die Waldorfschulen mit den Jahresarbeiten gemacht haben, können hier als Ausgangspunkt einer Weiterentwicklung dienen. Ihre Präsentation ist seit je der Zeitpunkt, an dem Waldorfschulen Teilnahme und Interesse einer breiteren Öffentlichkeit erwarten, freilich ohne dass sich diese im gewünschten Maße einstellte. Die Eltern der beteiligten Schüler kommen, die Lehrer vielleicht, im übrigen ist man unter sich.

Ein Grund für das geringe Interesse der Öffentlichkeit liegt darin, dass wir ihr keine Formen echter Teilnahme bieten. Das gewöhnliche Arrangement lässt keine andere Rolle als die des Zuschauers zu. Man sitzt im Festsaal, lauscht Vorträgen und schaut Darbietungen zu. Das abschließende „Gibt es noch Fragen?" hinterlässt eher peinliches Schweigen, als dass es zur Teilnahme anregen würde. Auch der in den Pausen mögliche Besuch der ausgestellten Arbeiten ist auf den flüchtigen Überblick und nicht auf ein vertieftes Kennenlernen hin angelegt. Der Einzelne mag mehr daraus machen. Doch die Organisation der Veranstaltung sendet ihre eigene Botschaft aus.

Wie könnte also ein Arrangement aussehen, in dem wir die Zuschauerrolle um die des aktiven Teilnehmers ergänzen? Mit einer 10. Klasse, die im Vorjahr den oben erwähnten Ablauf (zunächst den 'offenen' Abend mit den Eltern, dann die 'geschlossene' Prüfung vor den Lehrern) glücklich absolviert hatte, haben wir eine Form entwickelt, in der beide Elemente miteinander verbunden wurden. Der Ablauf des Abends war dreigegliedert. Die Veranstaltung begann im Festsaal. Die Schüler, auf insgesamt sieben Gruppen verteilt, stellten sich auf der Bühne vor und 'warben' um Besucher. Anschließend verteilten sich die Gäste auf die sieben Gruppen, verließen den Saal und folgten den Schülern, die sich jeweils in einem anderen Raum der Schule eingerichtet hatten. Dort gestalteten sie ihre Präsentation in Eigenregie. Einige Vorgaben hatten sie dabei zu beachten: Jede Schülerin und jeder Schüler sollte eine ausgewählte Arbeit aus ihrem bzw. seinem Jahresportfolio vorstellen und über die Präsentation mit den Anwesenden ins Gespräch kommen. In einem zweiten Teil sollten alle mit Blick auf das vergangene Schuljahr Auskunft geben über den zurückgelegten Lernweg. Jede Gruppe wurde in der Vorbereitung angehalten, Kriterien einer guten Präsentation zu entwickeln und diese ihren Gästen einsichtig zu machen. In jeder Gruppe befand sich eine Lehrerin bzw. ein Lehrer, der am Ende der insgesamt zur Verfügung stehenden 2½ Stunden anhand der Kriterien eine Rückmelderunde leitete und überdies jedem Schüler seiner Gruppe im Anschluss eine schriftliche Rückmeldung gab, die Bestandteil der Jahreszeugnismappe ist.[27] Der Abend endete dann dort, wo er begonnen hatte: Im Festsaal, in dem die Teilnehmer ihre Eindrücke aus den Gruppen im Plenum zusammentrugen.

Wir waren mit dieser Idee im Elternrat der Schule auf Resonanz gestoßen und erreichten für den besagten Abend eine rege Teilnahme von Eltern, die ihr Kind z. B. erst in der zweiten Klasse hatten, aber bereits neugierig auf die Oberstufe waren. Die Schüler mussten sich so einer breiteren Schulöffentlichkeit als im Vorjahr stellen. Überdies hatten wir im Vorfeld Kontakt mit dem hiesigen Schulamt aufgenommen, wohl wissend, dass es auch auf staatlicher Seite – insbesondere im Bereich der Hauptschulen – Bemühungen um neue Prüfungsformen gibt (an erster Stelle ist hier die Projektprüfung im Bereich des Hauptschulabschlusses zu nennen). Wir fragten an, ob Interesse an der gemeinsamen Entwicklung, Durchführung und Nachbesprechung eines solchen Experimentes bestehe und wurden nicht enttäuscht. So waren unter den Teilnehmern auch ein Schulrat und eine Schulberaterin und wir hatten damit einen ersten Schritt auf die für die Folgejahre anvisierte breitere Öffentlichkeit gemacht und überdies einen fruchtbaren Austausch, man darf wohl sagen, unter Gleichgesinnten. Den Schülern hatten wir die Gäste angekündigt mit der Maßgabe, dass sie nur uns Lehrern Rückmeldung geben sollten und sich im übrigen als Beobachter aus dem Ablauf heraus halten würden. „Wenn sie da sind, müssen sie auch mitmachen", war die Resonanz aus den Gruppen und so wurden die Externen in den Ablauf integriert.

---

[27] vgl. Kapitel „Veränderte Zeugnisse", S. 75 ff.

Wie bereits erwähnt, hatten die Gruppen eine Reihe von Vorgaben zu beachten, waren aber im übrigen frei in ihrer Gestaltung. Beileibe keine geringe Freiheit! Ohne die Vorgaben wäre sie nicht greifbar gewesen, innerhalb des von ihnen gesteckten Rahmens aber entwickelte jede Gruppe ihr eigenes Konzept für den Abend. Allerdings waren wir Lehrer hier, ohne es uns ganz bewusst gemacht zu haben, mit einer allzu starren Vorstellung in die Vorbereitung mit der Klasse gegangen. Wir hatten uns die Sache so zurecht gelegt: Die Schüler sitzen im Innenkreis, die Zuschauer nehmen außen herum Platz. Ein freier Platz neben den Schülern 'spricht' die Einladung an die Teilnehmer im Umkreis aus, dort Platz zu nehmen und damit das Fragerecht an die Schüler zu erhalten. So dachten wir uns die Entwicklung einer neuen Form der Teilnahme. Doch wehe dem freien Stuhl! Es hagelte Proteste aus der Klasse: So nicht! Alles, nur das nicht! Wie blöd war doch dieser freie Stuhl! – Hatten die Schüler aus unerfindlichen Gründen eine Aversion gegen „fish-bowl" (das Verfahren mit dem freien Fragestuhl) mitgebracht? Oder wollten sie gar nicht in ein Gespräch über ihre Arbeiten kommen? Nichts von alledem, der Stuhl lieferte nur den Stein des Anstoßes. Wir waren mit unseren Vorstellungen zu weit gegangen, die Schüler meldeten ihr Recht auf Mitgestaltung an. Und wir gaben die Gestaltung des Abends – mit den oben genannten Vorgaben – frei.

Zu diesen Vorgaben gehörte auch die, mit den Teilnehmern in ein Gespräch zu kommen über die vorgestellte Arbeit und über den Blick zurück auf den Lernweg des vergangenen Schuljahres. Austausch war verlangt, schließlich sollten die Eltern eine aktivere Rolle spielen können. Die meisten Gruppen entwickelten für sich explizit die Gesprächsqualität als Gütekriterium einer Präsentation. Nur, wie erreicht man das? Wie regt man jenseits des „Noch Fragen?" den Austausch an? An dieser vernachlässigten Stelle Phantasie zu entwickeln wurde zu einer Aufgabe, der sich die Gruppen stellten und die sie mit überraschenden Einfällen zu lösen wussten.

Bereits zu Beginn: Die Schüler hatten eine Ausstellung ihrer Arbeiten vorbereitet und zum Anwärmen durften die Eltern darin 'stöbern' und schon einmal nachfragen. Eine weitere Besonderheit des äußeren Arrangements: Von fünf Präsentationen erfolgte nur eine von vorn mit Overhead-Unterstützung, die weiteren vier vom jeweils anderen Platz aus mit Mitteln, die das jeweilige Thema nahe legte (so erhielten wir bspw. eine Einführung in das Voltigieren an einem als Pferde-Ersatz dienenden Kasten aus der Turnhalle). Anschließend waren es die Schüler selbst, die sich untereinander die ersten Fragen stellten und weiteren Fragern aus dem Publikum damit den Einstieg erleichterten. Warum nicht gar mit einer Frage an die Freundin beginnen, die diese dann nicht beantworten kann? „Nein", gibt die Angesprochene schmunzelnd zu verstehen „mit diesem Bereich habe ich mich noch nicht auseinandergesetzt." Und gibt damit ein ermunterndes Signal an die Zuhörer: Stellen Sie ruhig Fragen, auch wenn welche darunter sind, die ich vielleicht nicht beantworten kann ... Zur Abrundung einer ungewohnten Präsentation dann der vielleicht noch ungewöhnlichere Blick zurück auf das Schuljahr und vor allem auf die vielen Phasen, in denen die Schüler Gelegenheit hatten, sich selbstständig ihr Thema zu erarbeiten. Wieder einmal werfen sich die Fünf die Bälle zu und ziehen die Eltern mitten hinein in ihre Fragen. Eine neue Qualität wird spürbar, mit diesem Blick 'von oben' auf die Höhen und Tiefen der sattsam erlebten Selbstständigkeit. Keine Präsentation zuvor, so gut sie alle waren, erreicht diese Dichte, die die Beteiligten im Wechsel vom „Was" zum „Wie" und „Warum" erreichen. Noch einmal sind sie ganz präsent, sprechen offen über Fehler, Schwierigkeiten, innere Auseinandersetzungen und Erfolge.

Als ob der Abend noch zu toppen wäre, meldet sich schließlich im Kreis eine Schülerin zu Wort und macht etwas vor, von dem ich mir wünschte, dass wir Kollegen es unter uns des öfteren nachmachen würden. Sie evaluiert die Portfolioarbeit. Sechs Beiträge sind im zurückliegenden Jahr entstanden. Alle haben Eingang in die Jahresmappe gefunden. Alle firmieren unter Portfolio. Jetzt aber werden sie näher in Augenschein genommen. Die Schülerin vergleicht. Was ist das Portfolioartige an unseren Portfolioarbeiten? Dabei stellt sie erhebliche Unterschiede fest und entwickelt fast beiläufig eine Charakteristik aller wesentlichen Elemente, die ein Portfolio ausmachen.

Hatte ich schon erwähnt, dass wir hierfür Unterrichtszeit investieren? Derzeit ist es so, dass wir die letzten 1½ Wochen in jeder Oberstufenklasse für Prüfungen und Präsentationen, ihre Vorbereitung und Durchführung reservieren. Das Schuljahr vor den Sommerferien bekommt dadurch einen anderen Anstrich. Eine gewisse, für unumstößlich gehaltene Tendenz, die ich aus allen Jahren zuvor kannte, scheint nun doch umkehrbar. Immer war alles in Auflösung begriffen. Nichts lief mehr, jedenfalls nichts von dem, was Lehrer als Unterricht erachten. Seit Einführung unserer Artenvielfalt aus Prüfung und Präsentation haben wir einen Konzentrationspunkt geschaffen, der den Charakter des Schuljahresendes wesentlich verändert. Es gibt noch etwas zu tun, etwas, das den 'Sympathiestrom' in Richtung Sommerferien aufstaut und Überwindungsbemühungen anregt, die Vergangenes sinnvoll abzurunden, Zukünftiges zu eröffnen helfen und die Freude auf die bevorstehende Freizeit durchaus zu steigern vermögen.

Die nächsten Jahre werden zeigen, ob wir das Ziel einer Prüfung und Präsentation als eines öffentlichen Ereignisses erreichen. Als wesentlich wird sich in diesem Zusammenhang die Entwicklung einer Kultur der Beauftragung erweisen.[28] Nicht wir werden den Schülern die Öffentlichkeit vorsetzen, sie selbst werden sich die Gutachter suchen, die ihre Arbeiten nach gemeinsam getroffenen Vereinbarungen einsehen. Freilich haben wir Lehrer den Weg dahin aufzuzeigen. Uns bleibt, wenn wir älteste Festungen wie die Bewertung schleifen wollen, viel zu tun übrig. Mit Laissez-faire hat das alles nichts zu tun. Die Schaffung der Rahmenbedingungen, in denen die freie Vereinbarung sich ereignen kann, bedarf der Heranbildung einer besonderen Aufmerksamkeit (und Phantasie).

Einen Vorgriff darauf konnte ich bereits mit Schülern einer 12. Klasse unternehmen. Wir hatten einen Berater vom Arbeitsamt eingeladen. Der Auftrag, den er erhielt, lautete, im Anschluss an die Präsentation ausgewählter Teile aus einem Kompetenzportfolio den Schülern auf den Kopf zu eine Ausbildung vorzuschlagen.

Letzthin traf ich ihn auf dem Pausenhof. (Inzwischen ist er Mitarbeiter der Agentur für Arbeit). Wann er denn endlich wieder eingeladen würde, erinnerte er mich im Vorübergehen an unseren Erstversuch. Sehr bald, prognostizierte ich hoffnungsvoll in die Zukunft blickend.

---

[28] vgl. die Erläuterung dieses Prinzips im Kapitel „Rede zur Eröffnung...", S. 106 ff.

Das Fachportfolio

Wesentliche Elemente der Portfolioarbeit lassen sich auch im Fachunterricht verwirklichen. Wenn ich im Folgenden also von eigenen Erfahrungen mit dem Deutschunterricht in einer 11. Klasse berichte, so soll das nur den Anstoß zu Transferbemühungen bilden. Neben den Fremdsprachen und der Mathematik können sich insbesondere die Fächer mit einbezogen fühlen, in denen wesentlich das Profil der Waldorfpädagogik zum Ausdruck kommt: Eurythmie und Gartenbau z. B., um nur zwei aus der ganzen Fülle zu nennen. Doch steht die Vielfalt unter einem stetig steigenden Druck, der in einem nicht geringen Maße von den Abschlussprüfungen ausgeht. Das Fachportfolio bietet hier Chancen. Es verändert die Arbeitsweise in den genannten klassischen Hauptfächern (Deutsch, Mathematik, Fremdsprachen) mit beharrlicher Entschiedenheit und bewirkt damit einen Ausgleich gegenüber den traditionell in ihrem Schatten stehenden Fächern. Eine Annäherung, die das je eigene Profil jedes Faches stärkt, gleichzeitig aber die innere Verwandtschaft auf einer Meta-Ebene der Arbeitsweise begründet. Konsequent verfolgt führte dies zur Überwindung der unsichtbaren Mauern, die wir wesentlich aus einem Mangel an Phantasie zwischen den Fächern errichten (weil wir Unterricht nun mal nicht anders als nach- und nebeneinander denken können). Das wiederum führte, um ein großes Wort gelassen hinzuzufügen, zur Zusammenarbeit unter den Lehrern. Zudem bildet das Fachportfolio den Einstieg in Bereiche der Arbeitsweise, die international weit verbreitet sind, bei den Erstversuchen innerhalb der Waldorfschulen meines Wissens bislang aber unberücksichtigt blieben. Hat sich z. B. in meiner eigenen Schule der Begriff Portfolio hartnäckig an der Stelle festgesetzt, wo man mit der Individualarbeit (dem oben so genannten Prinzip der integrierten Jahresarbeit) einen Zipfel der Arbeitsweise zwar durchaus erfasst hat, damit aber offenkundig die Weigerung verband, von hier aus ihre Vollform 'an Land zu ziehen'. Diese Vollform würde die Nebenfächer stärker ins Zentrum rücken und die Hauptfächer von jenen Anteilen Selbstzweck reinigen, die ihnen eine dienende Rolle unmöglich machen. – Zukunftsmusik das alles? Fangen wir an, sie zu spielen!

In einer 11. Klasse bzw. der so genannten Realschulabschluss-Gruppe! Möglich, dass es eine Eigenheit unserer Schule ist, die Gruppen in den

Fachunterrichten bereits frühzeitig unter Prüfungsgesichtspunkten zusammenzustellen, jedenfalls stieß ich in dieser Klasse auf eine Gruppe mit nur sieben Schülern. Obwohl eine 'Beimischung' von Schülern, die mit der Fachhochschulreife den nächst höher gelegenen Abschluss anstreben, möglich gewesen wäre, blieb es bei dieser kleinen Gruppe. Ich erwähne diesen Umstand nur der Vollständigkeit halber. Natürlich hat dies die Arbeit in mancherlei Hinsicht erleichtert und intensiviert, doch habe ich Portfolioarbeit zuvor schon mit 15, im Hauptunterricht mit 35 Schülern betrieben, wobei letzteres die obere Grenze darstellen dürfte. Eine mittelgroße Gruppe ist förderlich und eine kleine keineswegs zwingend.

Was waren die Inhalte des Unterrichts, was die Merkmale der Arbeitsweise? Ich füge hier den Text ein, der sich am Jahresende unter der Rubrik 'Zum Inhalt des Unterrichts' in unserer inzwischen auf die Portfolioarbeit zugeschnittenen Form des Zeugnisses findet:

> „'Lesen, Sprechen, Schreiben' könnte als Motto über der Arbeit im vergangenen Jahr stehen. In zahlreichen Übungen (Leseübungen, Rollenspielen, Rhetoriktraining) versuchten wir mehr Sicherheit im persönlichen Auftreten, beim freieren Sprechen und dem anschließenden Schreiben zu erwerben. Textformen wie Inhaltsangabe, Leserbrief und Kommentar wurden dabei geübt. Ein wichtiges Anliegen war es, die Schülerinnen und Schüler an der Bewertung ihrer Arbeiten zu beteiligen. Jeder sollte die Kriterien einer gelungenen Arbeit erkennen, die fremde wie die eigene Arbeit prüfen und in einen Verbesserungsprozess eintreten. So entstanden oft mehrere Versionen ein und derselben Aufgabe. Zum Schuljahresende gestalteten die Schüler ein Auswahlheft, in dem sie anhand ausgesuchter Arbeiten ihre Lernschritte und ihre Lernerfolge darstellten und reflektierten. Das Auswahlheft wird den Lehrern vorgelegt und ist Bestandteil der Prüfung am Schuljahresende."

So weit der Text, wie er der individuellen Rückmeldung an jeden Schüler vorangestellt wird. „Mehrere Versionen einer Arbeit" war das Zauberwort, der Einstieg in eine veränderte Arbeitshaltung der Schüler, der Ausweg aus der Korrekturfalle, in der – in der Oberstufe spätestens – Lehrer wie

Schüler gemeinsam sitzen. Die Lehrer, weil unter den Korrekturbergen ihr Reformeifer begraben liegt, die Schüler, weil sie durch die Korrektur hindurch den Appell an die eigene Bequemlichkeit (als deren eigentliche Botschaft) längst verinnerlicht haben.

So hatte ich mit einigem Widerstand gerechnet. Ich dachte, meine sieben Elfer würden es in der Mehrzahl als Zumutung verstehen und ablehnen, wenn ich ihnen die wiederholte Bearbeitung ein und derselben Sache aufbrummen würde. Dem aber war nicht so! Sie haben brav, zuletzt mit Eifer, an der schrittweisen Verbesserung ihrer Versionen gearbeitet.

Der schriftlichen Fassung eines Themas gingen meist längere mündliche Übungsphasen voraus, wenn die Schüler sich z. B. anhand eines kleinen Zeitungsartikels schrittweise auf den Weg zum Erlernen des freien Sprechens machten. Hatten sie sich zum Schluss vom Wortlaut der Vorlage ein Stück weit in die eigene Improvisation gelöst, schrieben sie anschließend die erste Version eines Leserbriefes über ihren Artikel. Die vorliegenden Arbeiten wurden nach Fertigstellung näher inspiziert. Dazu hatten wir Kriterien entwickelt. Was sind die Merkmale eines gelungenen Leserbriefes? Beispielsweise der Bezug zum Artikel (Ist der Leserbrief so verfasst, dass auch ein Leser, der den zugrunde liegenden Artikel nicht kennt, dem Leserbrief dessen wesentlichen Inhalt entnehmen kann?) Um dem Bedürfnis nach 'Klarheit' zu entsprechen, fügte ich hier eine Zahlenskala von 0 bis 4 an. 0 = kein erkennbarer Bezug, 4 = sehr gut erkennbarer Bezug.

Im nächsten Schritt sollten die Schüler zu Kriterien-Eignern werden. Jeder hatte die Aufgabe, wenn einer der Beiträge verlesen wurde, diesen auf ein Kriterium hin, für das er zuständig war, zu prüfen. Jeder nur das seine und nur eins. Hatte er sich auf eine Zahl festgelegt, sagen wir eine 3 in der Skala, musste er sie in Worte übersetzen. Das heißt, dem schnellen Bedürfnis auf Festlegung folgte die Aufforderung, den gehörten Inhalt unter dem Gesichtspunkt des 'selbst verwalteten' Kriteriums sprachlich zu rekonstruieren und die Festlegung (auf eine Niveaustufe in der Skala) zu begründen, gegebenenfalls auch zu verändern. Auf diesem Weg sollten die Schüler mit dem Blick auf die fremde Arbeit zum Eigner (zunächst) eines Kriteriums werden. Sie sollten es durch Anwendung allmählich verinnerlichen. Erwies sich ein Kriterium, wie wir es formuliert hatten, als nicht geeignet, wurde es geändert, bis es für den Schüler verständlich und auf die Sache anwendbar wurde.[29]

So haben wir versucht, die Selbstverbesserungskräfte der Schüler anzuregen, statt sie durch den verfrühten Eingriff des Lehrers (als Endkorrektur auf den Erstversuch) abzulähmen. Das gelingt selten auf Anhieb. Meist stellen sich Erfolge nur durch wiederholtes Üben ein. Erwacht der Schüler aber erst einmal zu den Gesichtspunkten einer Arbeit, erringt er damit eine ganz neue Arbeitshaltung. Er fängt an, an Alternativen zu glauben, entgegen der weit verbreiteten Auffassung: Entweder man kann schreiben oder nicht! (Lernen kann man es nicht!) So haben wir also geübt. Jede Analyse lief auf eine Lernvereinbarung hinaus und damit auf eine Verbesserung, die die Schüler in einer neuen Version umzusetzen versuchten. In meiner ersten Korrektur, die zeitlich verschoben meist nach der dritten Version erfolgte, habe ich die nötigen Fehlerzeichen zwar angebracht, im übrigen die Arbeit aber – mit Fragen versehen – zurückgegeben und die immer noch für vorschnell erachtete Bewertung vermieden. Ob daraufhin eine weitere Version entstand, war frei gestellt. Jedenfalls wurde der jeweilige Arbeitsabschnitt hier zunächst abgeschlossen. Die Arbeiten ruhten, bis sie – am Schuljahresende – die Grundlage für das Auswahlheft bildeten.

Sie mussten also in einer Form gesammelt werden, die einen Rückgriff am Schuljahresende möglich machte, es musste dafür einiges an jenem Schlendrian überwunden werden, der gelegentlich den Umgang mit dem Arbeitsheft kennzeichnet. Andererseits wirkt Portfolio von Anfang an (und über die Jahre verstärkt) auf die Ordnung, besser: Wertschätzung, der eigenen Arbeiten zurück. Haben die Schüler erst einmal realisiert, dass die Hefte nicht für die Schublade (oder den Papierkorb) gemacht sind, sondern als Grundlage, um aus ihnen ein Auswahlheft zu 'schöpfen', fangen sie an sorgfältiger damit umzugehen: Ein kulturell nicht unbedeutender Effekt der Arbeit, der zu seiner Entfaltung etwas Zeit und Geduld bedarf, sich aber mit Sicherheit einstellt.

Portfolio ist eine Arbeitsweise, in der sich äußere Vorgaben und persönliche Erfüllung nicht ausschließen. Einer derartigen Vorgabe bedarf

---

[29] Die hier beschriebenen Anregungen verdanke ich wesentlich dem Buch *Leistungsbewertung* von Felix Winter, Hohengehren 2004, insbes. S. 77ff.

es, um das Auswahlverhalten der Schüler anzuleiten. Ich füge die Anweisung an, die meine sieben Elfer zu Beginn der Arbeit an ihrem Auswahlheft bekamen:

> „Zeigen Sie anhand ausgewählter Produkte, was Sie in diesem Schuljahr gelernt haben. Wählen Sie *vier* Produkte aus dem Bereich der schriftlichen Arbeit des Schuljahres (Inhaltsangaben, Leserbriefe, Briefe). Die Arbeiten können jeweils in mehreren Fassungen vorliegen. Zu einer Einlage gehören das Material, die jeweiligen Fassungen im Original, gegebenenfalls eine weitere verbesserte Fassung und die Beschreibung des eigenen Lernfortschrittes von Version zu Version ...
>
> Verfassen Sie *zwei* Produkte, die aus dem Bereich der mündlichen Arbeit (Rollenspiel, Leseübung, Rhetorikübung) stammen. Gemeint sind hier Reflexionen, in denen Sie genauer beschreiben, was wir gemacht haben und was die Übungen mit Ihnen und Sie aus den Übungen gemacht haben.
>
> Verfassen Sie *ein* 'beliebiges' Produkt, das zur Arbeit im Unterricht inhaltlich in Beziehung steht (z. B. ein Interview mit einem klugen Menschen, ein Gedicht, ein Märchen, eine Zeichnung, Karikatur o. ä., ein Erlebnis ... ausgewählte und kommentierte Materialien zu einem unserer Themen)."

Für diese Arbeit stellte ich die Unterrichtsstunden in den Wochen vor den Sommerferien zur Verfügung. Nachdem ich im Laufe des Schuljahres auf Hausaufgaben verzichtet bzw. die Aufgaben immer innerhalb der Stunde hatte erarbeiten lassen, stellte sich jetzt der Effekt ein, dass die Schüler an ihrem Heft auch außerhalb des Unterrichtes arbeiteten, die meisten so lange, bis sie das Gefühl hatten, dem Anspruch (den schriftlich formulierten Kriterien für Inhalt und Form des Heftes) zu entsprechen. So entstanden also sieben Arbeiten in mehreren Versionen. Das Auswahlheft war somit ein Prozessportfolio. Auch Unfertiges – auf dem Weg zu wachsender Vollkommenheit – war darin zu sehen. Schon auf den ersten Blick war das zu erkennen. Die erste, zweite, dritte Version wurde als Kopie dem Heft entnommen und sah entsprechend prozessual aus. Die vierte, manchmal gar fünfte, die ultimative Version eben, war eigens für das Auswahlheft angefertigt. Das sah man ihr an. Hier spiegelte sich der inhaltliche Anspruch in der äußeren Form. Der gesteigerte Qualitätsanspruch war unübersehbar.

Die letzte der oben zitierten Anweisungen, die auf ein beliebiges Produkt im Zusammenhang mit dem Unterricht zielt, stellt für mich einen interessanten Zusammenhang her. Mit diesem Fachportfolio sollte ja – wie eingangs erwähnt – an die internationale Praxis der Portfolioarbeit angeknüpft werden. Mit der Anweisung zur siebten Arbeit wurde nun der Versuch gemacht, dies wiederum rückzubinden an die Praxis, mit der sich die Portfolioarbeit in Waldorfschulen eingenistet hatte: die schon oben erwähnte integrierte Jahresarbeit.

Mit ihrem letzten Beitrag sollten die Schüler nicht nur aus den vorhandenen Arbeiten auswählen (was ich im Sinne der Entwicklung einer wiederholenden Verbesserung für unbestreitbar wertvoll erachte), sie sollten hier – anknüpfend zwar an den Unterricht – über diesen hinaus gehen (was ich im Sinne einer Erschließung außerschulischer Lernorte für unbedingt erstrebenswert erachte). Und meine sieben Elfer sind diese Wege gegangen. Sie haben sich zu Themen aus dem Unterricht interessante Erweiterungen und Vertiefungen erschlossen.

Die Portfolioarbeit strukturiert das Schuljahr. Nicht nur zeitlich, indem zu klären ist, in welchen Phasen gesammelt, in welchen zurückgeblickt, gewählt und noch einmal überarbeitet wird. Auch inhaltlich! Wesentlich ist, dass für die Schüler erkennbare, unterscheidbare Arbeitsbereiche entstehen, auf die sie bei der Auswahl zugreifen. Im Englischunterricht könnten das m. E. sein: Wortschatz-, Grammatik-, Schreib-, Lektürearbeit u. v. m. Für die Mathematik überlasse ich die Formulierung solcher Bereiche lieber dem Fachmann. Aber nichts spricht gegen den Transferversuch! Auch an einer Mathematikaufgabe kann man, wie an einem Leserbrief, wiederholt und in Verbesserungsschritten arbeiten.

Aber wie sähe das nun in den 'Nebenfächern' aus, die das Profil der Waldorfschule so wesentlich ausmachen? Auch hier spricht nichts gegen den erwähnten Transfer der Arbeitsform. Nur entstehen hier in der Regel (beispielsweise in der Eurythmie) keine Unterlagen, (als 'Zeitkunst' ist sie 'flüchtiger' Natur.) Gravierender noch (und weit verbreitet) ist aber das Vorurteil, dass sie in diesen Fächern auch gar nicht entstehen sollen. Dass Kunst und Handwerk sich zu Bastionen wider die Verkopfung verfestigen, hat an Waldorfschulen eine lange, traurige Tradition, und mit der Portfolioarbeit stößt man unweigerlich dort an. Will man sich dennoch auf lemniskatische Wege des Ausgleichs zwischen Kopf, Hand und Fuß begeben, sollte man es gemeinsam tun. Unerlässlich scheint mir, dass die Fächer, wenn sie sich über Inhalte und Arbeitsform abstimmen, auch wirklich zusammenarbeiten. Wenn das beispielsweise zwischen Deutsch und Eurythmie geschähe, was spräche dagegen, dass der Teil, der im Eurythmieunterricht als schriftliche Reflexion entstehen müsste, im Deutschunterricht angefertigt würde?

Voraussetzung ist allerdings, dass wir den Schülern – damit sie zu ihrem Selbstverbesserungswillen erwachen können – ein bewussteres Verhältnis zu ihrem eigenen Lernen ermöglichen. Wenn nun aber Lehrer genau das nicht für nötig halten?! Nicht selten bekomme ich zu hören: Meine Schüler wissen genau, wo sie stehen, was ihnen fehlt, was sie lernen müssen. Das muss ich Ihnen nicht, das müssen sie selbst sich doch nicht noch vorsagen oder aufschreiben. – Jüngst hörte ich auf einem Workshop allerdings etwas anderes: Eine Klassenlehrerin berichtete, sie habe mit einer 7. Klasse in einer Mathematikepoche hartnäckig erübt, dass jede Schülerin und jeder Schüler bis in die einzelnen Schritte hinein formuliert, was er bzw. sie an einer Aufgabe bereits kann und was sie zu lernen sich als nächstes vornehmen. „Frühintellektualisierung" lautet ein beliebtes Verdikt gegen einen Versuch dieser Art. „Knochenarbeit", kommentierte besagte Kollegin diesen Klimmzug auf die Meta-Ebene des Lernens. „Und das war auch der Grund dafür, dass ich in der 8. Klasse keinerlei Disziplinprobleme mehr hatte", schloss sie ihren Bericht – mit einer Aussage von solcher Tragweite, dass ich sie als Gegenstand weiterer Forschungsarbeit wärmstens empfehle. Mit der Bitte, die Umkehrfrage gleich noch mit aufzunehmen: Erzeugt die Bequemlichkeit, in die wir die Schüler mit unserer Korrektur (und anderen Gefälligkeiten) treiben, die Disziplinprobleme im Klassenzimmer?

Praktikum und Portfolio

Es war ein etwas anderes Praktikum, sehr kurz und sehr ergiebig, und ich will mit dem Bericht darüber einige Hinweise verbinden, auf welche Weise Elemente der Portfolioarbeit eine an Waldorfschulen verbreitete Praxis, Schüler aus der Schule ins Leben zu entlassen, aufwerten können. Erlebtes muss für das Lernen erschlossen werden. Wesentliches mag sich bereits *by doing* ereignen, wenn Schüler sich unter ungewohnten Umständen in einer ungewohnten Rolle versuchen. Ein Initial, das den Lerntrieb und die Vorfreude auf die Gestaltung des eigenen Lebens elementar zu wecken vermag. Doch sollte die Schule eine verantwortungsvollere Rolle spielen als die, die Erfahrungen hernach wieder zu deckeln (am wirkungsvollsten durch regulären Unterricht). Stattdessen sollte sie helfen, die Kluft zwischen Denken und Handeln zu überbrücken. Etwas vereinfacht ausgedrückt, neigen wir ja alle dazu, entweder zu viel zu tun, ohne es zu begreifen, oder zu viel zu begreifen, ohne etwas zu tun. Dass alles wirkliche Begreifen das Tun einschließt, alles lebendige Denken also den Willen erreicht, lassen wir einstweilen dahin gestellt sein. Zu viel von dem aber, was wir Schülern zu tun erlauben, findet den Weg zurück ins Begreifen nicht, zu viel von dem, was wir sie lehren, findet (der aufmerksame Leser wird es bereits erraten haben) die Befreiung ins Handeln nicht. Das dem Handeln inhärente (das ihm reichhaltig innewohnende) Wissen zu befreien, nennen wir – in Ergänzung der bereits gegebenen Definition – nunmehr auch Portfolio.

Die ganze Aktion mit einer 10. Klasse erstreckte sich über sieben Wochen Hauptunterrichtszeit, 5½ Wochen vor, 1½ Wochen nach den Weihnachtsferien. Innerhalb dieses Zeitraums war *eine* bestimmte Woche für das Praktikum reserviert. Geplant und durchgeführt habe ich das Vorhaben zusammen mit meinem Kollegen und Mitstreiter André Vitel. Für ein wichtiges Ziel kreierten wir den Begriff „Berufsbildmappe". Und weil wir dieses gemeinsam verlässlicher zu erreichen gedachten (und überhaupt gerne zusammen arbeiten), sicherten wir uns Monate vorher in der Epochenplanung rechtzeitig zwei Wochen Team-Teaching. Für die Schüler begann alles mit einem Hinweis im Vorfeld:

„Im Dezember (sagte ich bereits im Oktober) erhalten Sie die Möglichkeit einen Beruf ihrer Wahl eine Woche lang zu erkunden. Ich rate Ihnen, zeitig mit der Suche nach Ihrem Traumberuf zu beginnen. Lassen Sie sich also von Ihrem Interesse leiten, besprechen und vereinbaren Sie Ihre Wahl aber mit mir."

Das reichte aus, um bei einigen emsiges Suchen und bei anderen den vielleicht bekannteren „Die-Sache-vor-sich-Herschieben-Reflex" auszulösen. Den eigentlichen Beginn markierte dann eine vierwöchige Geschichtsepoche zum Thema „Arbeitswelten". Sie sollte ausführlich genug auf die eine kurze Woche einstimmen und die Fragen wecken, die jeder dann in die Erkundung des selbst gewählten 'Stückes' Arbeitswelt mitnehmen konnte. Entsprechend dem Lehrplan der Klassenstufe bildete die Alte Geschichte den Ausgangspunkt, der Fokus der Betrachtungen aber lag auf dem Versuch, den Wandel, den die Arbeit im Verlauf der Menschheitsgeschichte erfahren hat, allmorgendlich zu Bewusstsein zu bringen. Als Grundlage erhielt jeder Schüler ein hundertseitiges Skript, in dem ich Materialen zum Thema zusammen gestellt hatte. Es erstreckt sich von der Steinzeit, über die Hochkulturen, das Mittelalter, die Industrialisierung bis zur Globalisierung, wie wir sie heute erleben und erleiden. Es stand mehr darin als wir schaffen konnten und sollte zum ergänzenden Lesen anregen. So rückte die Erkundungswoche näher. Um die Berufssuche anzuregen, erhielten die Schüler Gelegenheit, auf einer morgendlichen Berufsbörse sich gegenseitig auszutauschen und anzuregen. Dabei schmolz die Zahl der Unentschlossenen beständig, die meisten hatten bereits über die Aktivierung der Eltern, Tanten und Onkel ihren Wunschberuf gefunden. Alle schafften es bis zum *jour fixe*.

Entscheidend für die Vorbereitung war etwas, das André Vitel mit mir zusammen im Dreischritt von Gesetz, Richtlinie und Freiheit bereits Wochen zuvor erübt hatte und das wir nun in die unmittelbare Vorbereitung der Berufserkundungswoche mit aufnahmen. Eigentlich hatten wir nur gemeinsam einen Baum gezeichnet. Es sollte mein Geschichtsbaum werden, den ich, um den Gang durch die Zeiten ein wenig anschaulicher zu machen, mit Info-Blättern begrünen wollte. Mein Kollege hatte, um die Ausmaße meines künftigen Epochenbaumes sicher zu stellen, vier DIN A 3 Blätter zusammen geklebt und eines Morgens standen wir nun beide davor. „Wenn ich dir jetzt die Aufgabe stelle, einen Baum zu zeichnen, wie wird der dann wohl aussehen?" – „Woher weißt du, dass der nichts wird? Ich habe dir doch noch gar nicht gesagt, dass ich nicht gut zeichnen kann?" – „Tröste dich, den meisten Schülern geht es genauso. Auch sie sitzen in ihrer Gewohnheit fest. Und weißt du, wie so ein Baum aussieht, wenn man *frei* drauf los zeichnet?" – „Grauslich", bestätigte ich seine Andeutungen aus ein paar Strichen. – „Damit wir für unser Vorhaben einen schöneren Baum bekommen, fangen wir jetzt mit dem Gesetz an." – „Ich hör' immer Gesetz?" Mit der Erklärung: „Dem, was wir als erstes setzen", wurden mir seine Erläuterungen nur um ein geringes deutlicher. Erst *by doing* sollte sich mir der Sinn seiner Worte erschließen.

Die Aufgabe lautete zunächst, mir einen Rhythmus vorzusprechen und ihn mittels eines Bleistiftes auf das großflächige Papier zu übertragen, vor dem wir standen. Soweit ich erinnere, war es ein Anapäst (kurz, kurz, lang), der mir in den Sinn kam und den ich sogleich und wiederholt mittels Strichen auf den äußersten Papierrand übertrug. Mein Kollege tat in seinem Rhythmus dasselbe. Und so gingen wir einmal um den Tisch herum und über 'Kurz' oder 'Lang' zeigte der Abstand der Striche am Papierrand den Rhythmus an. Soweit das 'Ge-setz', dessen Zusammenhang mit einem Baum mir auch jetzt noch dunkel blieb. „Nun verbindest du die Striche vom linken mit denen vom rechten Rand, dann drehen wir das Blatt um 90 Grad und machen dasselbe noch einmal. Lass deine Linien so verlaufen, wie du es für richtig hältst, nur dürfen sie sich an keinem Punkt schneiden. Das tun sie erst nachher, wenn wir das Blatt wenden." Nach kurzer Zeit breitete sich ein Muster in der Art kubistischer Formen über das ganze Blatt aus. „Und wo ist jetzt noch Platz für meinen Baum?" – „Jetzt kann er entstehen. Du zeichnest die linke Hälfte, ich die rechte, später wechseln wir." Und als Mann der Kunst, der ihre Prozesse höher schätzt als die Worte, die er darüber verliert, setzte er gleich bei den Wurzeln an. Unser 'Ge-setz' wurde ihm dabei zur 'Richt-Linie'. Welche der vielen ihm zur Verfügung stehenden er nutzte, blieb ihm überlassen (und die Freiheit der Wahl erneuerte sich an jedem Kreuzungspunkt der Linien), nur hielt er sich bei seinem Weg von den Wurzeln zum Stamm und in die Äste hinauf streng an die jeweils getroffene Wahl. Solange das möglich war, denn je weiter wir uns in die Krone vorarbeiteten, desto schwieriger wurde es. Aus dem Grunde, den ein Baum uns von Natur aus vorgibt. Dort, wo der unsrige sich in die Krone hinein verjüngte, spätestens, wenn es uns um seine Zweige gehen musste, gab es nicht genug 'Richt-Linien' mehr, die unsere Hand hätten führen können, und wir wurden (um der Natur des Baumes willen) 'frei'. Keine große Freiheit, möchte man meinen, aber unserem Baum kam sie zugute. Nachdem das Muster des gesamten 3 mal DIN A 3 Blattes durch Schraffuren in unterschiedliche Dunkel- und Helltöne getaucht war, sah er so prächtig aus, so Jahrtausende alt, dass ich dem 'Ge-setz' und der 'Richt-Linie' dankte, die mich meiner Gewohnheit enthoben hatten.

In diesem Sinne waren auch unsere Schüler nicht frei, sondern wurden erst über 'Ge-setz' und 'Richt-Linie' in die Freiheit entlassen. Die erste Vorgabe lautete, dass im Anschluss an das Praktikum jede Schülerin und jeder Schüler eine Berufsbildmappe anfertigen sollte und für deren Gestaltung den Rohstoff in besagter Woche sammeln, also mit möglichst vollen Taschen zurück kommen sollte. Dazu gab es weitere Vorgaben. Unabhängig davon, welchen Beruf jeder gewählt hatte, sollte er den Arbeitsplatz und die Arbeitsgeräte, beobachtete und selbst ausgeführte Arbeitshandlungen erkunden bzw. dokumentieren. Hinzu kamen das Anforderungsprofil und die Ausbildung, der größere Zusammenhang, in dem die einzelne Tätigkeit und der Beruf stehen und seine Zukunftsperspektiven. (In diesem Sinne war ein Schreiben verfasst, das die Schüler ins Praktikum mitnahmen.)

Vorgaben dieser Art sollen so gewählt sein, dass sie nicht zu Gängelei führen, sondern in die Bereiche hinauf, wo die Aufgabe frei ergriffen wird. Hält man sie vor die konkreten Situationen, in die die Schüler von der Säuglingspflegestation über den Pressefotografen vor Ort bis zum Flugzeugsitzemechaniker vor seinen Maschinen sich hineinfinden mussten, kann deutlich werden, dass diese Blick-Richtungen dazu verholfen haben, die Komplexität des Erlebten greifbar zu machen und – statt die Woche an sich vorbei rauschen zu lassen – auf die Sache wie auf die Menschen zuzugehen. Gleichzeitig bildeten die Vorgaben das Grundgerüst für den Inhalt der späteren Berufsbildmappe.

Intensiv und ertragreich wurde diese Woche. Wesentlich dazu beigetragen haben neben der Vor- auch die Nachbereitung, die Tage, in denen die Heimkehrer in der Schule unter Leitung von André Vitel an ihrer Berufsbildmappe arbeiteten. Der mitgebrachte Rohstoff musste gesichtet und verfeinert werden. Vor allem die Titelseite bedurfte der Gestaltung, sollte man der Sache doch von außen bereits ansehen, was in ihr steckte. Ein besonderes Merkmal, eine Art Logo des Berufes, sollte sich durchziehen und der Mappe ein besonderes Gepräge verleihen. Aufgaben die Fülle, Material, dessen Widerstand auf seine Weise dazu verhalf, das Erlebte ins Bewusstsein zu heben. Eine Vorwegnahme der schriftlichen Reflexion, die ebenfalls fester Bestandteil der Arbeit war. Nach den Weihnachtsferien wurden die Mappen fertig gestellt (oder waren bereits in den Ferien fertig gestellt worden).

In einem letzten Schritt bereiteten die Schüler sich nun auf die Präsentation ihrer Berufserkundungswoche vor. Nach der Devise „Zeig, was du kannst", sollten alle Einblick geben in ihr erkundetes Stück Berufswelt, wo möglich, sollten sie es vorführen. Und so kam es, dass die Friseurin die Frisur, die Dauerwellen zumindest am Modell erläuterte, die Säuglingspflegerin eine Puppe wickelte und die Geigenbaugesellin eine Reparaturanleitung gab ... Und danach war immer noch nicht alles vorbei. Zumindest für die SchülerInnen der A-Gruppe. Sie kamen nämlich auf die Idee, ihr Praktikum im Englischunterricht vorzustellen. Ihre Lehrerin, Brigitte Pietschmann, mit der ich in dieser Sache ohnehin eng zusammen arbeite, griff den Impuls beherzt auf und ließ die Schüler ihre Erfahrungen nach allen Regeln der (Portfolio)-Kunst noch einmal in der Fremdsprache durcharbeiten und vorzeigen. Anschließend wanderten die Arbeiten in die Jahresmappe und fanden am Schuljahresende weitere Verwendung.

Der Waldorfschule Schwäbisch Hall ist, vor Jahren bereits, eine Zirkusinitiative erwachsen, die, in Anlehnung an jene fruchtbaren, in jedem besseren Garten anzutreffenden Haufen für Küchenabfälle, den zukunftsgerichteten Namen „Compostelli" trägt. Inzwischen firmiert sie als eigenständiger Verein, ist jedoch nach wie vor eng mit der Schule verbunden. Mehrfach haben im Herbst etwa 50 Schülerinnen und Schüler der Oberstufe mit dem Zirkus an einer Fahrt nach Sarajewo teilgenommen. Mit Sicherheit waren die Erfahrungen dort existenzieller als die, die die Zehntklässler in der beschriebenen Berufserkundungswoche machen konnten. Die Aufgabe dort bestand nämlich darin, mit Straßenkindern – Kriegsgeschädigten ! – Zirkusarbeit zu machen. Darzustellen, was das bedeutet, würde den Rahmen dieses Buches sprengen. Nur auf einen, den wunden Punkt, muss ich in diesem Zusammenhang deuten: Sie kamen zurück und – gingen in die Schule! Immerhin: Diese hatte ihnen frei gegeben, damit sie dorthin fahren konnten, um dicht neben tödlichen Minenfeldern Aufbauarbeit zu leisten. Jetzt aber nahm sie für sich ihr angestammtes Recht in Anspruch, regulären Unterricht zu veranstalten und so die frischen Erfahrungen aufwühlendster Art wieder zu deckeln. Eines lernt Schule dabei nicht: Sich im Leben zu ereignen, statt sich immer auf das antiquierte *sed vitae* herauszureden. Die Institutionalisierung des Lernens bedeutete einst seinen Sündenfall. Ein tragischer Vorgang, den ich aber durchaus nicht bedauern will, erwächst der Schule daraus doch ihre Zukunft. *Die* Schule *der* Zukunft aber, die bereits begonnen hat, stülpt ihren Lernort ins Leben um und integriert beide Hälften aufeinander zu. Sie verschwistert Lernen und Leben. Portfolio hieße, sich dieser großen Erkenntnis in zumutbaren Schritten zu nähern.

Projekt und Portfolio:
Eine Deutschepoche endet vor Gericht

Einführung

Zu den Klassikern in einer Neunten gehört – vielleicht nicht nur in meinem Deutschunterricht – eine Erzählung aus Schillers Sturm-und-Drang-Jahren: „Der Verbrecher aus verlorener Ehre" – die 'wahre Geschichte' des schwäbischen Sonnenwirtes, der aus Liebe zum Wilddieb und durch drakonische Strafen zum Mörder wird. Schon die Schillersche Namensgebung – Christian Wolf – fordert das persönliche Urteil der Schüler für den Christian oder wider den Wolf heraus. So mündete die Behandlung der Erzählung nicht selten in eine improvisierte Verhandlung vor Gericht. Zwei Lager – Anklage und Verteidigung – die unter Vorsitz des Lehrers aufeinander prallten, eine Debatte um Schuldverstrickung, Reue und die „gefühllose Menschheit", die im Übergang zur Darstellung der angenommenen Kläger- und Verteidigerrolle jene produktive Mischung im Inneren der Beteiligten hervorzurufen vermochte, die – um es in Anlehnung an Schiller zu sagen – den Menschen zwischen den Gebundenheiten in Form und Stoff – dort ganz Mensch sein lassen, wo er spielt ...

Ein wichtiges Ziel meiner Arbeit ist schon seit Jahren, schulisches und außerschulisches Lernen wechselseitig zu verbinden und somit für einander durchlässiger zu machen. So wurde im Laufe der Jahre aus dem Gerichtsspiel ein richtiges Gerichtsprojekt. Den Höhepunkt bildete wie in den Anfängen eine selbst inszenierte Verhandlung, in der eine Figur aus der Historie und Literatur vor Gericht gestellt wurde. Der Unterschied bestand in der Verlagerung an einen Originalschauplatz, das Amtsgericht der Stadt. Und verantworten dort sollte sich dieses Mal der brave Götz von Berlichingen, der Ritter mit der Eisernen Hand! Also durfte er nicht wie in Goethes Original sterben (was er historisch auch erst in gesegnetem Alter getan hat), sondern musste sich auf der Grundlage heutiger Strafgesetzgebung für seine aus der Rechtschaffenheit geborenen Untaten verantworten. Methodisch unterlegt wurde das Projekt mit Elementen der Portfolioarbeit. Im Anschluss an meinen Bericht werde ich das Portfolioartige meiner Arbeitsweise genauer auswerten.

Der Verlauf

Insgesamt hatte ich sechs Wochen zur Verfügung, was durch den rechtzeitig geplanten Zusammenschluss zweier in einem Schuljahr zur Verfügung stehender Deutschepochen möglich wurde. Zusätzliche Zeit, derer ich bedurfte, hatte ich nach Absprache mit dem Klassenkollegium klaglos erhalten.

Den Einstieg in der ersten Woche bildete wie gehabt Schillers „Verbrecher aus verlorener Ehre". Daraus und aus einer ersten Erarbeitung der Aufgaben des Gerichts und eines typischen Prozessverlaufs ergab sich als erstes Etappenziel eine strukturell vorbereitete, im übrigen improvisierte Gerichtsverhandlung über den Fall Christian Wolf, die Zentralfigur der Schillerschen Erzählung. Im Anschluss an die Auswertung folgten in der zweiten und dritten Woche Besuche im Amtsgericht vor Ort: Zwei ausgesuchte Prozesse, die den Schülern, nachdem sie sich eine erste Vorstellung gebildet und praktiziert hatten, nun zeigen sollten, wie eine Verhandlung real verläuft. Das wiederum bildete die Grundlage für die Nachbereitung, die detaillierte Besprechung und anschließende Beschreibung der Aufgaben des Gerichts und eines typischen Prozessverlaufs. Zeitgleich hatte die Arbeit an Goethes *Götz von Berlichingen* begonnen. Das Drama wurde erzählt, gelesen und besprochen. Den Schwerpunkt bildeten hier die nach heutigem Recht als Straftaten gewerteten Fehden zwischen dem 'eisernen Ritter' und seinem Widersacher, dem Bischof von Bamberg. Parallel dazu wurde die Klasse (mit 39 SchülerInnen) in fünf Gruppen aufgeteilt. Durch Kontakte im Vorfeld zu schlussendlich fünf Richtern, Staats- und Rechtsanwälten erhielten die Schüler in der vierten Woche Gelegenheit, die bislang angesammelten Fragen mit besonderem Bezug auf den bevorstehenden Strafprozess an die Experten zu richten. Fünf Gruppen, die zu verschiedenen Zeiten an den Vormittagen ihren Besuch im Amtsgericht oder der Rechtsanwaltskanzlei unternahmen. Alle Besuche wurden in den Gruppen vorbereitet, vor der Klasse durchgespielt und ausgewertet.

Ebenfalls in der vierten Woche entstand innerhalb weniger Tage das Gerichtsspiel. Die Rollen wurden verteilt. Insgesamt waren 28 Schüler direkt daran beteiligt. In der fünften Woche wurde das etwa einstündige Stück innerhalb von vier Tagen eingeübt. Am Freitagvormittag war

Generalprobe, am Samstag wurde im Amtsgericht in der Stadt urauf-geführt. Bis zu diesem Zeitpunkt hatten die Schüler in einem Heft zu allen wesentlichen Vorgängen und Fragen schriftliche Ausarbeitungen verfasst. Hausaufgaben gab es nicht. Alle Aufschriebe entstanden inner-halb der Unterrichtszeit. Einzige Hausaufgabe sollte die Portfolioarbeit sein. Das Arbeitsheft bildete dafür das 'Reservoir'. Für den Pflichtteil sollte, was sich über die Aufgaben des Gerichtes, die Besuche im Amtsgericht, die dort erlebten Verhandlungen und den Prozessverlauf angesammelt hatte, daraus noch einmal geschöpft und überarbeitet werden.

Teil II bildete die Kür. Die Schüler sollten sich, innerhalb des weit gesteckten Rahmens der Epoche, ihr Thema selbst wählen und ihre Arbeit eigenständig organisieren. Voraussetzung war, dass das Thema mit mir abgesprochen (und von mir genehmigt) wurde. Über alle damit im Zu-sammenhang stehenden Fragen wurden die Schüler von Beginn an mündlich und schriftlich informiert. Die sechste Epochenwoche wurde für die Ausarbeitung zur Verfügung gestellt, parallel in zwei Klassen-zimmern, jeder Schüler selbstständig an seinem Platz. Etwaige, das Thema betreffende Termine außer Haus durften nach Rücksprache mit den betroffenen Fachkollegen und mir in Eigenregie wahrgenommen werden. Die Abgabetermine für die Portfolioarbeit (Pflicht und Kür) wurden individuell mit mir vereinbart. Für die meisten bedeutete das den Beginn der bislang bewusst ausgeklammerten 'Hausaufgabe'. Manches war in der letzten Woche nicht fertig geworden. Dass jetzt über die Unterrichts-zeit hinaus noch Arbeit investiert werden musste, gehörte mit zu den Informationen, die zu Beginn den Schüler mündlich und schriftlich gegeben worden waren. Die Portfolioeinlage vervollständigte ein Vorwort, in dem die Schüler den Epochenverlauf schildern und die Wahl ihres Themas begründen sollten. Das Nachwort schließlich enthielt einen Arbeitsbericht, in dem der Entstehungsprozess des Kürteils beschrieben wurde: Das eigene Vorgehen, Schwierigkeiten, Hilfestellungen und Erfolge ... Schlussendlich sollten mir die Schüler mitteilen, wozu sie von meiner Seite aus Rückmeldung haben wollten. Die erhielten sie in den Folgewochen: Briefe an die Schüler (und Eltern), die zusätzlich zur gewünschten Rückmeldung meine Bewertung der Einlagen und der Mitarbeit während der Epoche enthielten und der Schülerarbeit beigelegt

Erster Versuch mit einem Kompetenzportfolio:

Die Schüler einer 12. Klasse
greifen die gestalterischen Möglichkeiten des
Portfolio energisch auf

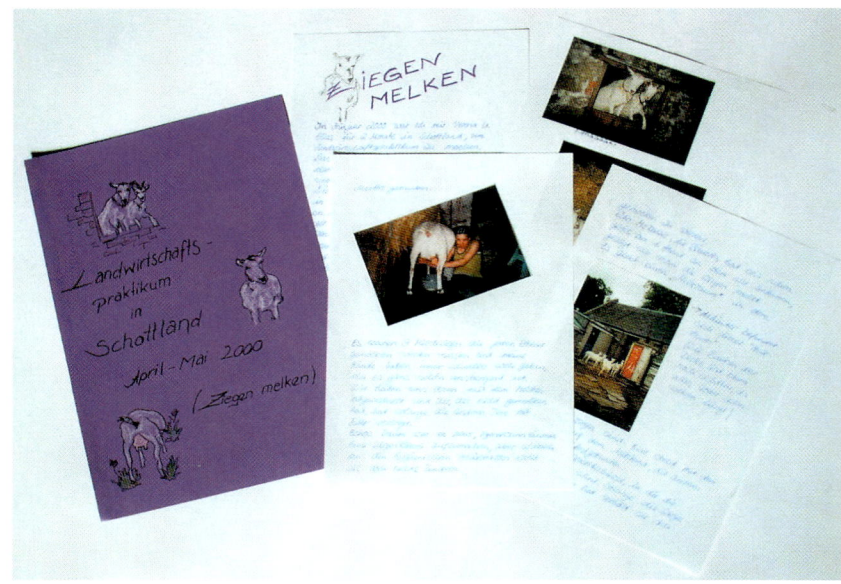

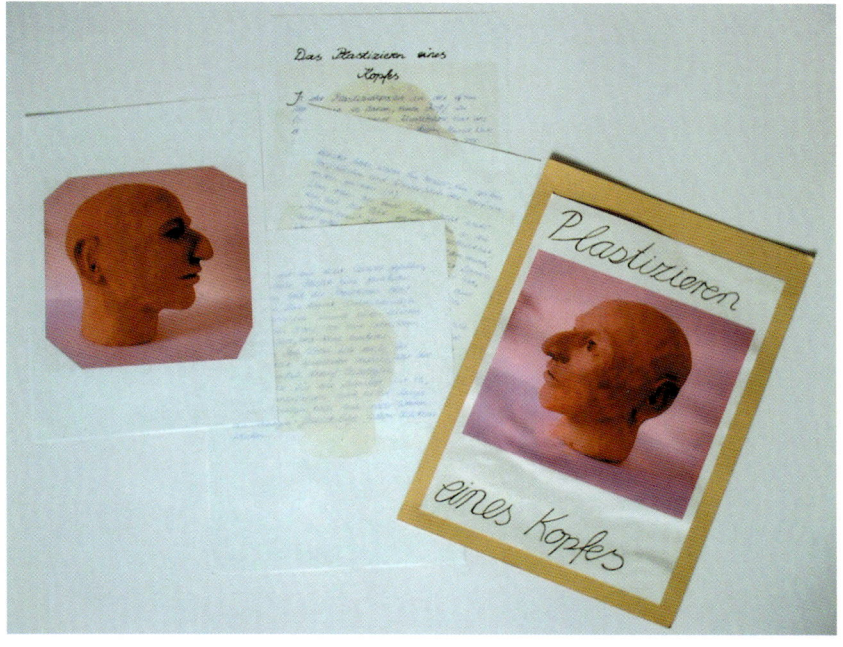

wurden.[30] Das Ganze wanderte in eine Sammelmappe, die im Klassenschrank ihren Platz hatte und in der sich im Laufe des Schuljahres verschiedene Einlagen der verschiedenen, an der Portfolioarbeit teilnehmenden Kollegen und Fächer einfanden. Zur Portfolioprüfung am Ende des Schuljahres wurde die Mappe Eltern und Lehrern präsentiert. Auch diese, das Schuljahresende betreffenden Informationen wurden den Schülern bereits zu Schuljahresbeginn mitgeteilt.

Die Individualarbeit

Nach unserem gelungenen Auftritt auf fremdem Parkett am Samstag der fünften Woche sehen wir uns am Montag auf dem gewohnten schulischen wieder. Wie angekündigt, steht die Woche einzig der Portfolioarbeit zur Verfügung. Das Lernen hatte sich aus dem eigenen Fach in einen Aktions- und Erlebnisraum hinein geöffnet. Im Unterschied zu früheren Versuchen sollte diesmal das errungene 'Gut' für das schulische Lernen zurück gewonnen werden. Projekt ist eben *bildendes* Tun. Formelhaft formuliert: Das Potential der Projektidee erschließt sich in dem Maße wie das Fach die Qualität des Projektes und das Projekt die des Faches wechselweise steigert.

Die Anregungen der letzten Wochen, die Aufregung der letzten Tage haben das Interesse vielfältig entfacht. Nach einem kurzen 'Wort zum Montag' werde ich schlagartig von Themen umlagert:

— Ich würde gern mehr über das Jurastudium erfahren. Wie eigentlich wird man Richter?

— Wir wollen zu dritt in die Jugendstrafanstalt und dort mehr über die Haftbedingungen erfahren. Wir haben bereits einen Termin mit dem Gefängnispfarrer ausgemacht.

— Ich werde über die Justiz im Dritten Reich schreiben. Wie konnte es zu diesem Missbrauch der Rechtsprechung durch das System kommen?

---

[30]   siehe Anhang S. 130.

– Mein Onkel ist Jugendrichter. Er wird mich eine Woche mitnehmen. Darüber und über das Jugendstrafrecht werde ich schreiben.

– Ich habe bei unserem Besuch beim Staatsanwalt einige Fragen zurückgehalten und würde jetzt gerne ein persönliches Interview mit ihm vereinbaren.

– Ich schreibe über die eiserne Hand. Sie soll ein Wunderwerk der frühen Prothesenkunst gewesen sein. Sie liegt nur 40 km von hier in Jagsthausen im Museum.

Nachbetrachtungen zu den erlebten Gerichtsverhandlungen, die Biographie Götz von Berlichingens, die politischen Verhältnisse zu seinen Lebzeiten ... so muss sich der Waldboden fühlen, wenn rings aus ihm die Pilze schießen! Literarische, philosophische, historische Arbeiten entstehen, aber auch sehr viele, die für gewöhnlich aus meinen Fächern nicht hervorzugehen pflegen. Freilich gibt es auch Zögerliche, doch kann ich sie anregen, ausschließlich durch die Erläuterung der Themen, die meine Liste bereits füllen. Auffällig, wie viel unter Mitwirkung Dritter erarbeitet wird. Insgesamt werden mehr Themen über direkte Kontakte und Gespräche als über Bücher erschlossen. Das fängt mit der Einbeziehung der Eltern und Verwandten an (als dem ersten Kreis der Experten) und weitet sich über das Telefoninterview mit dem ehemaligen Schüler (inzwischen Jurastudenten) aus in das, was man aus schulischer Perspektive so gern „das Leben" nennt.

Die Arbeit in der Schule läuft gut in den nächsten Tagen; in zwei Klassenräumen gleichzeitig, jeder an seinem Platz, manche in kleinen Gruppen. Der Geräuschpegel pendelt um ein der Konzentration nicht abträgliches Maß. Beständig zwischen den Räumen unterwegs, erlebe ich keine unangenehmen Überraschungen. Das ist eher ungewöhnlich. Eigentlich ist es heikel, als Lehrer die Stellung vor der Klasse (zumal einer Neunten, noch dazu in dieser Überzahl) zu verlassen. Oft reagieren Schüler mechanisch mit Abschalten. Kein Lehrer – kein Unterricht! Auch eine mit erhöhter Sorgfalt formulierte Arbeitsanweisung ist keine Garantie, der eigene Abgang kann leicht den 'Unterbruch' der Veranstaltung zur Folge haben. Möglich, dass man, vom mehrfachen Einknicken im Augenblick des Übertritts in die freiere Form belehrt, Zuflucht in der bewährten sucht.

Doch täusche man sich nicht. Auch aus dieser steigen sie ja aus. Das ergibt von vorne nur das gewohntere Bild. In der Regel bleiben sie hinter den Schulbänken sitzen. Und wenn sie zeitweise auch darauf zu liegen kommen, so ist doch alles nach allgemeiner Übereinkunft Unterricht, den Generationen unerschütterlicher Lehrer mit dem Glauben besiegelt haben, in ihm fände statt, was man landläufig Lernen heißt.

Aber warum klappt es in dieser Neunten – mit neununddreißig Schülern?

Vieles führe ich auf die lange Vorbereitung zurück. Die Schüler wissen schon seit Wochen, in welcher Weise wir in dieser letzten die Epoche abschließen. Womit sie sich jetzt beschäftigen, konnte lange heranwachsen. Unterschiedliche Arbeitsformen sind sie überdies gewohnt. Dem letzten großen Schritt in die Form selbstorganisierten Lernens sind schon eine Reihe kleinerer vorausgegangen. – Vielleicht ist es ja auch nur die elementare Freude, sich aus einem abhängigen Arbeitsverhältnis heraus zu schälen und zum Unternehmer der eigenen Arbeitskraft zu entwickeln. Individualisierung, die implizite Botschaft der Portfolioarbeit, scheint angekommen zu sein.

Und was bleibt mir zu tun übrig? Einiges muss ich noch anleiten: die Erarbeitung des Vor- und Nachwortes. In eigenen Worten Inhalt und Verlauf der letzten Epochenwochen zu beschreiben, ist ungewohnt. Ungewöhnlicher noch, einen Arbeitsbericht über die Entstehung der individuellen Arbeit mitzuliefern. Viele Themen müssen präzisiert, Schreibproben eingesehen und besprochen werden. Nur sehr wenige muss ich antreiben. Die meisten begleite ich interessiert aus einer für mich neuartigen Perspektive, erweitern doch viele Schüler mit ihrem Horizont auch den meinen. Jedenfalls weiß ich nicht, was das Interview mit dem Staatsanwalt oder die Forschungsarbeit über die Funktionsweise von Götzens eiserner Prothese ergeben wird. Was dabei wächst, ist die Vorfreude auf die fertigen Arbeiten. Bis zum abschließenden Freitag erhalte ich nur zwei. Für die anderen beginnt spätestens jetzt die Zeit der 'Hausaufgabe'.

Das Portfolioartige an Portfolio

„Ein Portfolio ist eine zielgerichtete und kontextbezogene Auswahl von Arbeiten, in der die Lernenden ihre Bemühungen, Lernschritte und Leistungen im schulischen und außerschulischen Bereich darstellen und reflektieren. Im Portfolioprozess wird der Lernende an der Auswahl der Inhalte, der Entwicklung und Festlegung der Bewertungskriterien sowie an der Bewertung der Qualität der eigenen Arbeit beteiligt."

In der bereits erläuterten Definition[31] (hier noch um einen wichtigen Satz erweitert), finden sich alle Merkmale auf engem Raum vereinigt. Ich möchte sie nun zur Auswertung heranziehen.

Fangen wir mit einer wichtigen Unterscheidung an, die sich ergibt, wenn wir die Definition als Folie dem beschriebenen Projekt hinterlegen. Sie verbirgt sich in der Formulierung „Auswahl von Arbeiten". Soweit mir Beispiele der Portfolioarbeit bekannt sind, ist damit immer der Rückblick und Rückgriff auf bereits vorhandene, in einer bestimmten Zeit gesammelte Arbeiten gemeint. Aus unterschiedlichem Anlass (kontextbezogen) wird vom Schüler (zielbezogen) gewählt. „Auswahl" in meinem Beispiel aber hieß „individuell gewählte Themenstellung". Wollte man hier von Sammlung sprechen, könnte man es nicht im Sinne gesammelter Arbeiten, höchstens im Sinne gesammelter Erfahrungen tun. Letztere bildeten die Grundlage für die individuelle Wahl. Damit rutscht die von mir praktizierte Form zunächst in die Nähe des Referates.

Der Unterschied aber ergibt sich, wenn man die Qualifizierung des Wahlverhaltens aus meinem Beispiel berücksichtigt. Nicht der vorgegebenen Liste haben die Schüler ihr Thema entnommen, sondern sorgfältig – und über Wochen – habe ich versucht, eine Art Pendelschlag, ausgehend von den unterrichteten Inhalten, hin zum individuellen Interesse der Schüler auszulösen. Vielleicht darf ich das Erreichte als eine Individualisierung des Curriculums durch den Schüler bezeichnen.

---

[31] vgl. Kapitel „Definition", S. 23 ff., Anm. 15.

68

Aus diesem Grunde habe ich diese Form auch „integrierte Jahresarbeit" genannt. Damit bin ich aber wieder in unmittelbare Nähe eines weiteren *essentials* der Portfolioarbeit gerückt. Elisabeth Hebert spricht in ihrem sehr empfehlenswerten Buch *The Power of Portfolios*[32] von dem Unterschied eines „teacher portfolio supported by students" zu einem „student portfolio supported by teacher". Die erste Aussage könnte man problemlos dem in der Epoche entstandenen Pflichtteil (auch dem Epochenheft klassischer Prägung) zuordnen. Und das Pendel würde dann mit dem Kürteil zur zweiten Hälfte der Aussage hinüber schwingen. Und doch! Der bereits erwähnte Unterschied bleibt bestehen: Nicht aus einer Sammlung von Arbeiten haben die Schüler gewählt, sondern aus den gesammelten Erfahrungen schließlich ein Thema formuliert. Inzwischen sind mir beide hier verglichenen Formen aus der Praxis vertraut. Und ich erlebe es als gewinnbringend, mit beiden zu arbeiten und insbesondere beide aufeinander zu zu bewegen. Hat doch die im Projekt praktizierte Form die Eigenart, ein weiteres wesentliches Kriterium der Portfolioarbeitsweise zu erfüllen: Die Verbindung schulischer und außerschulischer Bereiche. Genau das hat sich, wie der Liste der aus dem vorbereiteten Boden schießenden 'Pilze' zu entnehmen ist, ereignet. Mit der selbstorganisierten Arbeit haben die Schüler Schritte aus dem Curriculum hinaus zu Experten gemacht, die als wesentliche außerschulische 'Informationsquelle' fungierten und so das institutionalisierte Lernen zu beleben wussten.

Die entstandenen Individualarbeiten waren somit, wenn man ihnen die Bezeichnung Portfolio zugestehen will, Produkt- und keine Prozessportfolios. In der Definition kommt das sehr schön zum Ausdruck, wenn im Dreischritt die Darstellung von „Bemühungen, Lernschritten und Leistungen" unterschieden wird. Das impliziert Entstehungsstufen einer Arbeit, die, im Portfolio dokumentiert, dem Empfänger einsehbar sind. Ein Aspekt, der mir inzwischen aus der eigenen Praxis als sehr wertvoll vertraut ist, im beschriebenen Beispiel aber keine Berücksichtigung fand. Die übrigen in der Definition enthaltenen Kriterien darf ich dem Projekt zusprechen. Reflektiert wurde in kleinen Schritten bis zum aussage-

---

[32] Elisabeth Hebert, a.a.O.

kräftigen Bericht. Auch an der Entwicklung der Kriterien waren die Schüler beteiligt: Bei den Übungsrunden im Klassenzimmer und den Bewertungskriterien für die Arbeit selbst, zuletzt und wesentlich durch das Mittel der Beauftragung. Die Schüler, statt mit ihren Arbeiten bloß Objekte meiner Bewertung zu sein, sollten mir mitteilen, wozu sie Rückmeldung von mir wollen.

Projekt und Portfolio haben sich seitdem immer weiter aufeinander zu bewegt und inzwischen die sprichwörtliche Nähe der zwei Seiten einer Münze erreicht. Projekt als 'bildendes Tun' kann seinen inneren Anspruch wohl nicht besser als mittels Portfolio erfüllen.

Das Freizeitportfolio

Eigentlich hatten sie gerade erst eine aufwendige Arbeit hinter sich. Und jetzt? Schon wieder Portfolio? Vor mir saß ein Teil der 10. Klasse, und zwar der Teil, der sich seit unserer Oberstufenreform vor vielen Jahren A-Gruppe nennt, was eine Trennung der Klasse nach Leistung impliziert. In der Oberstufe, ab der 9. Klasse, werden die SchülerInnen nach gemeinsam absolviertem Hauptunterricht in den Fächern Deutsch, Mathematik und Englisch getrennt unterrichtet, in einer A und einer B Gruppe. Besonderes Kennzeichen der A-Gruppe ist dabei der Wegfall der zweiten Fremdsprache. Also saßen 15 SchülerInnen (einer Klasse mit insgesamt 37 Schülern vor mir). Ihr Seufzer war 'einmündig' und durchaus berechtigt! Hatten sie doch mit der Berufsbildmappe und ihrer Präsentation Anspruchsvolles geleistet. Dennoch hielt sich mein Mitleid in Grenzen, wusste ich doch um den Reiz meines Angebotes. Es handelte sich um ein Experiment, das seit längerem bereits auf meiner Liste stand, der Versuch, den Teil der Definition eines Portfolios zu realisieren, der von der Verbindung schulischer und außerschulischer Lernbereiche handelt. Ein Anspruch, den man zwar mit der Berufsbildmappe bereits als erfüllt betrachten konnte, den ich diesmal aber 'radikaler' umzusetzen gedachte.

Der Ausgangspunkt unserer Bemühungen sollte nun dort liegen, wo die Schülerinnen und Schüler, vom Schulstress befreit, sich ganz dem widmen, was sie wirklich wollen. Wenn, so sagte ich mir, die Hausaufgabe sich als leidige Pflicht (als Bleigewicht) auf die Gemüter vieler Betroffener zu legen pflegt, wenn sie die Kluft zum freien Willen vertieft, statt sie – wie wir Lehrer uns gerne einreden – im Zeichen der Pflicht zu überbrücken zu helfen, wie wäre es dann, wenn – in Umkehrung dieser Tatsache – diesmal nicht die schulische Aufgabenstellung zu Hause das Freizeitvergnügen schmälerte, sondern stattdessen, was ich eigentlich tun will, einmal in die Schule drängte? Die Idee des Freizeitportfolios war geboren und eroberte sich rasch die Gemüter der beteiligten Schülerinnen und Schüler. Mal ganz 'bei mir' anfangen. Bei 'meinem' Interesse, das leuchtete ein und setzte Energien frei.

Für die Arbeit am Freizeitportfolio verwendeten wir die zwei zur Verfügung stehenden Wochenstunden. Nach einem einführenden Teil begannen die Schüler in Eigenregie tätig zu werden. Die Maßgabe lautete, dass das individuelle Konzept des Portfolios mit dem Lehrer vereinbart wird. So hatte ich in den insgesamt zehn Unterrichtswochen nichts weiter zu tun als die Rolle des Lernbegleiters auszufüllen. Und damit reichlich zu tun! Während die Schüler mit ihrer Arbeit beschäftigt waren, führte ich unentwegt Gespräche mit jedem Einzelnen. Angefangen vom „Was nehme ich nur?" bis zum „Wie gestalte ich das bloß?" hatte ich die Möglichkeit, die Schüler von ihrer außerschulischen Seite her kennen zu lernen. Ob Volleyball oder Fliegenfischen, Tischtennis oder Traktorfahren, eine japanische Kampfsportart oder deutsche Standardtänze, Partyorganisation oder Voltigieren, Veranstaltungstechnik oder Fischzucht, das eigene Aquarium oder die eigenen Klavierkompositionen, Bauchtanz oder die Produktion einer Radiosendung (in einem von Jugendlichen geführten Radiosender in der Stadt), immer war die Bereitschaft groß, mal hier zu zeigen, was man dort so macht. Und kann! Ging es doch darum, die erworbenen Fähigkeiten aufzuzeigen. Auffällig war, wie viele Schüler ganz bewusst das Anliegen formulierten, das, was sie in der Freizeit machten, selbst besser zu verstehen, indem sie es anderen verständlich machen, also bereit waren, die Brücke von der Freizeit zurück ins Lernen zu schlagen!

Auch im Rückblick äußerten sich Schüler befriedigt gerade darüber, dass ihnen jetzt ihre Tätigkeit viel bewusster geworden sei. Um das zu unterstützen, hatte ich eine Vorgabe gemacht. Eine Reihe von Textformen standen zur Auswahl und mussten verwendet werden. Zunächst wollte ich dadurch die Verknüpfung unseres Vorhabens mit dem Deutschunterricht sicher stellen. Darüber hinaus waren die Textformen so gewählt, dass einige den Blick stärker nach außen auf die Tätigkeit selbst lenkten, andere wiederum mehr nach innen auf die Frage, was dabei mit mir geschieht. So folgte Texten in der Art der Übungsanleitung, etwa zum Aufschlag beim Tischtennis, das Stimmungsbild über den Tag des Abstiegskampfes (und die Hoffnung auf den Klassenerhalt). Eine Art Pendelschlag sollte durchgängig spürbar sein, d. h. nicht nur aufzeigen, welche Köder es fürs Fliegenfischen gibt, sondern auch, welche 'ich' bevorzuge und vor allem auch warum. Nicht nur die Übungsreihe für das Pritschen zusammenstellen, sondern im Gegenzug auch beschreiben, wie 'ich' selbst mit der Übung arbeite, wo meine Schwierigkeiten und

Erfolge liegen. Viele Mappen weisen so durchgängig die Dimension der Eigenreflexion der dokumentierten Tätigkeit auf. Und vielen gelingt es, den Leser bewusst mit einzubeziehen. Nicht nur im Vorwort oder im Rückblick, man fühlt sich auf jeder Seite angesprochen.

Früh bereits stand der Abgabetermin fest. Kriterien für das Freizeitportfolio wurden gemeinsam erarbeitet, von mir schriftlich gefasst und als Bestandteil in die Mappe aufgenommen.[33]

Eine Neuerung wurde dem Neuen noch hinzu gefügt: die wechselseitige Bewertung im Prozess. In einer Fachstunde (der Termin wurde vorzeitig bestimmt) sollten die Schüler ihre zu diesem Zeitpunkt noch unfertigen Arbeiten und Materialien auslegen und wechselseitig begutachten. Dazu hatte ich einen Gutachterbogen angefertigt[34] und zum Ausfüllen beigelegt. So hatten die Schüler Gelegenheit, ihre Arbeiten untereinander kennen zu lernen und sich Tipps zu einem Zeitpunkt zu geben, zu dem sie noch förderlich wirken konnten, und nicht, wie bei Beurteilungen durch den Lehrer üblich, wenn alles fertig ist. Wenn das gelingt, wenn die Bewertung vom Ende her in den Prozess zurück versetzt wird, entsteht eine Atmosphäre ganz eigener Art im Klassenzimmer. Die Schüler korrespondieren auf einer sachlichen Ebene miteinander, dabei aber nicht gefühlsfrei. Das ergibt eine Stimmung gegenseitiger individueller Wertschätzung! Schließlich wissen die meisten Schüler einer Klasse, die in dieser Altersstufe in Gruppen und Grüppchen getrennt lebt, trotz der zehn gemeinsam verlebten Jahre oft nichts voneinander.

Freilich kann, was als förderliche Bewertung gedacht wurde, als Kritik auch einmal daneben gehen und verletzen. Der Gutachterbogen mag dazu verleiten, dem anderen mal eins 'reinzudrücken'. Schließlich haben wir es hier mit der Heranbildung des Urteilsvermögens nicht allein aus der Sache (aus dem Unterrichtsinhalt heraus) zu tun. Es geht um eine neue Mischung aus sachlichen und zwischenmenschlichen Bestandteilen, um eine neue Kultur der Beziehungen im Klassenzimmer! Und die will geschaffen werden. Die Bereitschaft dazu war durchgängig zu spüren. Entgleisungen versuche ich zum Anlass zu nehmen, die Sache und die

---

[33] vgl. Materialien im Anhang S.130.

[34] vgl. Felix Winter, *Leistungsbewertung,* Hohengehren 2004, S. 236.

Atmosphäre zu bereinigen, um bewusster als zuvor die Richtung zu finden, in die die Bestrebungen gehen.

Am Tag der Fertigstellung werden die Mappen noch einmal wechselseitig begutachtet. Zu Beginn der Stunde taucht eine Reihe Vertreterinnen der B-Gruppe plötzlich an der Tür auf. Sie hätten zwar gleich Mathematik, aber eigentlich interessiere sie im Augenblick viel mehr das, was wir hier vorhaben. Freizeitmappen? Wo? Wie? Welche? Rasch sind sie verschwunden, noch schneller wieder zurück. Der freundliche Mathematikkollege hat sie für eine Weile beurlaubt. Als Gäste beugen sie sich gemeinsam mit den 'Einheimischen' über unbekannte Seiten ihrer Mitschüler. Einzig Ausrufe gegenseitiger Anerkennung unterbrechen in der nächsten halben Stunde die raschelnde Stille. (Was du da machst! Klasse! Hätte ich nie von dir gedacht!). Dann beugt man und frau sich wieder über den Gutachterbogen, füllt ihn schließlich gewissenhaft aus und legt ihn der Mappe bei.

Von mir bekamen die Schüler eine schriftliche Rückmeldung, doch eigens präsentiert haben wir die Portfolios nicht. Sie waren Bestandteil der Jahresmappe. Von der Möglichkeit, das Freizeitportfolio als Thema der Präsentation zu wählen, haben Schüler am Jahresende regen Gebrauch gemacht.

Eine heiße Debatte bildete den Abschluss der Arbeit: Wie frei ist eigentlich die Portfolioarbeit? – „Bislang haben wir immer mit Vorgaben gearbeitet. Die erste wirklich freie Arbeit war das Freizeitportfolio", meinten die einen. „Stimmt nicht", hielten andere dagegen und versuchten sich in der Beweisführung: „Immer hat es Vorgaben gegeben, immer hatte man die Freiheit der Wahl." – „Das Freizeitportfolio war freier", beharrten einige, ohne ihre Ansicht im Augenblick mit Argumenten untermauern zu können. Um so deutlicher wurde die Gegenseite: „Also hört mal! In Biologie beispielsweise war der Inhalt der Epoche die Vorgabe. Genauso gab es sie diesmal auch: die Freizeit eben." – „Trotzdem", versteifte sich eine Gruppe auf den von ihr wahrgenommenen Unterschied. „Diesmal waren wir die Vorgabe. Diesmal war es anders, ganz, ganz anders."

Die Freiheit nahm ihren Ausgangspunkt in der Freizeit. Daran war nicht zu rütteln. Schon gar nicht mit Argumenten. Dass auch diese Freiheit schließlich in Arbeit ausgeartet war, hatte die damit verbundenen Gefühle offensichtlich nicht schmälern können.

Veränderte Zeugnisse

Die Arbeit mit Portfolio wirkt wie ein sanfter Veränderungsdruck. Sie rückt vieles von dem ins Blickfeld, was gern übersehen wird. Insbesondere von Lehrern! Die Schulstrukturen, von denen man selbst einst erzogen wurde, liegen einem später an wie eine zweite Haut. Hierzu die Distanz zu gewinnen, um, was immer für natürlich erachtet wurde, plötzlich für veränderbar zu halten, ist ein Ausnahmezustand, den zu erreichen sich der alte 'Lehreradam' scheut. Portfolio rührt an die Grundfesten des Selbstverständnisses und zugleich an die der Schulstrukturen. Es will Veränderungen bewirken in beide Richtungen. Gelingen sie nicht, scheitert auch die Arbeit mit Portfolio.

Exemplarisch sei das an den Zeugnissen aufgezeigt. Gehen wir vom gegebenen Zustand aus, der Zeugniszeit, wie sie sich von mindestens Pfingsten bis in den Sommer hinein erstreckt, bis zum Tag der Zeugnisausgabe vor den großen Ferien. Es ist eine Zeit, die ihren besonderen Druck auf die Beteiligten ausübt. Schließlich sind es nicht selten 300, ja 400 Dokumente dieser Art, deren Herausgabe ein Fachlehrer zu besorgen hat. Charakterisierungen der Schülerpersönlichkeiten sollen es werden (und sind es in der Unterstufe unter der Federführung des Klassenlehrers auch), in der Oberstufe aber gerinnen sie nicht selten zu dem: „Lieschen hat sich aufmerksam beteiligt. Ihr Heft hat sie ordentlich geführt. Die Klassenarbeit ist ihr befriedigend gelungen."

Längst im Banne der Ziffernzensur stehend, kann kaum ein Kollege beim Zeugnis auf sein „im Ganzen gut" oder „insgesamt nur ausreichend" verzichten. Als Überwindung einer abstrakten Faszination gedacht, wie sie in Sonderheit von einer Ziffer für Leistung ausgeht, ist die Gefahr groß, dass sich die Anziehungskraft der Abschlüsse als stärker erweist. Wieder einmal hieße Beharren Rückschritt und wieder einmal muss, was der Schulgründer uns als Impuls geben wollte, aufgegriffen und weiter entwickelt werden. Das bekamen wir zu spüren, durch die Arbeit mit Portfolio.

Wer seine Epoche nach dem Prinzip der integrierten Jahresarbeit eingerichtet hatte, schrieb nach dem Ende der Epoche eine Rückmeldung an die Schüler, oder tat dies unmittelbar in den nächsten Ferien. Jedenfalls so zeitnah wie möglich und nicht erst am Schuljahresende. Zudem gerieten diese 'neuen' Zeugnisse persönlicher (sie wandten sich in Briefform direkt an den Schüler), auch umfangreicher und – im Gegensatz zu den handschriftlich verfassten – wurden sie meist auf dem PC geschrieben. Nun kam die Zeugniszeit und mit ihr unweigerlich jenes Doppelblatt DIN A 4, das jedem Fach eine Spalte für den Eintrag zuweist. Was tun? Sich die doppelte Arbeit machen? Ins Handschriftliche übertragen, was als getipptes Dokument bereits vorlag? Dafür hätte der Platz in den meisten Fällen nicht ausgereicht. Also noch eine zweite Fassung schreiben, eine 'minderwertige', nachdem man sich die Mühe mit der 'höherwertigen' bereits gemacht hatte?

Das Neue drauf zu satteln, das Alte unverändert beizubehalten, ist eine an Waldorfschulen weit verbreitete Methode. Wir addieren, statt zu integrieren. Wir verändern die Strukturen nicht, sondern fügen den vorhandenen bloß Veränderungen hinzu. Wird der Aufwand zu groß – und das wird er bestimmt –, fällt das Neue ab wie von selbst und alles bleibt beim Alten. So erreicht man in Verfolgung des Prinzips der Zusätzlichkeit eines mit Sicherheit: die Reformunfähigkeit.

Die Zeugnisse sind nun einmal so wie sie waren und sollten auch so bleiben. Tatsächlich artikulierte sich der Strukturkonservativismus diesmal explizit. Nach der Klassenkonferenz einer neuen Neunten hieß es im Protokoll: „Die regulären Zeugnisse sind Pflicht. Zusätzlich (!) kann der Lehrer ein Portfoliozeugnis ausstellen." Jetzt wurde es Zeit! Und die haben wir uns dann glücklicherweise auch genommen. In mehreren Oberstufenkonferenzen wurde über die „Bewertung der Schülerleistung" gesprochen. Förderlich sollte sie wirken und Bestandteil des Lernprozesses sein, dabei den Charakter der Festlegung, der Endbeurteilung überwinden. So weit waren wir uns rasch einig. Nur: War sie all das wirklich, unsere Bewertung der Schülerleistung? Teil des Lernprozesses konnte sie doch schon deshalb nicht sein, weil sie mit dem Abschluss des Schuljahres zusammenfiel und anschließend im Sommerloch verschwand. Hatte jemals das Zeugnis den Anlass für Gespräche gebildet?

Also haben wir die alte Form aufgelöst. Fortan gibt es statt des gefalteten Doppelblattes ein ganzes Heft. Jedes Fach hat darin seinen Platz und sein Blatt. Zum Standard gehört die Auskunft, die jeder Lehrer über die Unterrichtsinhalte gibt. Darunter darf er sich in Briefform direkt an den Schüler wenden oder – wie gewohnt – „über Fritzchen" schreiben. Vor allem aber darf er, wenn er seine Rückmeldungen bereits vor Monaten abgefasst und ausgegeben hat, jetzt eine Kopie dieses Blattes ins Jahreszeugnis einfügen. So hat er sich zwar nicht weniger Arbeit gemacht, er kann sie sich aber sinnvoller aufs Jahr verteilen und macht sie sich vor allem nicht doppelt. Wer seine Zeugnisse wie gewohnt am Schuljahresende zusammendrängen möchte, darf sich diesen Druck gern auch weiterhin antun. So ist ein Stück weit ein Zustand friedlicher Koexistenz erreicht worden, in dem die neue und die alte Form tatsächlich nicht nur nebeneinander her leben, sondern sinnvoll ineinander greifen. – Auf diese Weise können die Zeugnisse ausführlicher und aussagekräftiger werden. Freilich ist auch der organisatorische Aufwand gewachsen (der ist für ein Zeugnisheft nicht gering). Man wird sehen, wozu die Auswertung der Erfahrungen rät.

Damit hat die Dimension, die sich in der Bewertungsfrage verbirgt, eine erste Chance erhalten. Erforscht in der Praxis ist sie allerdings noch lange nicht. Zu tief sitzt das Missverständnis, dass wir Lehrer allein es wären, die das Urteil über Leistung zu fällen hätten. Von dort bis zur Ausschöpfung des Potentials, die die Frage der Bewertung für das Erreichen der gleichen Augenhöhe mit dem Jugendlichen birgt, ist noch ein weiter Weg. Schön wäre es, wenn wir ihn überhaupt entdeckten und bemerkten, wie sehr es ihn zu erforschen lohnt.

Diese Mappe wächst mit mir ...
Portfolios im Übergang von schulischer Ausbildung und beruflichem Werdegang

Ein unverändert hilfloser Dressurversuch

Eigentlich war ich unzufrieden. Seit dem *11. September* hatte ich auf Wunsch der Zwölftklässler (der Fachhochschulreifegruppe, die am Ende des Schuljahres ihre Geschichtsprüfung in Form einer Unterrichts-Hospitation absolviert) aufgearbeitet, was zur Ungeheuerlichkeit dieses Ereignisses und seiner Hintergründe irgend über Medien greifbar war: Über den Bildschirm, die Zeitungen, das Internet, Geschichtsbücher, schließlich über Berichte engagierter Profis wie Peter Scholl-Latour oder Ahmed Rashid, die Kopf und Kragen riskieren, um Augenzeugen dessen zu sein, worüber sie sich dann ihr Urteil bilden. Keine Frage, dass wir dem freundlichen und zuvorkommenden Studiendirektor aus der Landeshauptstadt demnächst würden zeigen können, was er am Tage der Hospitation zu sehen beauftragt ist: Dass die Leistungen dieser besonderen Schülergruppe dem im Ungefähren bleibenden, aber nichtsdestoweniger als allgemein verbindlich geltenden Standard entsprachen.

Doch hatte mich (wieder einmal) der Zweifel gepackt: Verdiente, was ich da machte, das Prädikat Urteils*bildung*? Erreichten wir eine zumindest anfängliche Balance zwischen der Fülle offensichtlicher Fakten und den darin weniger offensichtlich enthaltenen Zusammenhängen? Wie innerlich regsam war denn nach dem Abflauen der ersten Entschlossenheit das Verhältnis der Schüler zu dem in Wochen wachsender Mühsal Erarbeiteten noch? Diese fast zwangsläufige Abkehr von einem das Bewusstsein zunächst vollständig okkupierenden Ereignis war freilich vorauszusehen, und so hatte ich mit dem gemeinsam gefassten Beschluss gleich zu Beginn des Schuljahres die Parole unbedingten Durchhaltens ausgegeben. Doch schien mir nichts dafür zu sprechen, dass wir uns in der Zwischenzeit durch die Überwindung instinktiver Antipathien in die lichteren Gefilde erster Einsichten vorarbeiten würden. Zu vieles im Unterricht erweckte nach Monaten noch den Eindruck eines unverändert hilflosen Dressurversuches. Zu angelernt die Antworten, zu anhaltend blieb das Verstummen gegenüber Fragen, die auch nur einen Schritt weit auf ungebahntes Gelände führen wollten.

Tatsächlich hatte sich meine innere Orientierung allmählich dort festgehakt, wo ich die Defizite der Schüler wahrzunehmen glaubte. Und fast unmerklich über Wochen schwand die Bereitschaft, die Ursachen für die Misere länger noch bei mir suchen zu wollen.

Eine neue Seite aufschlagen

Die Chance, das Blatt zu wenden, ergab sich aus der besonderen Epochenplanung des Schuljahres. Ein neuer Geschichtslehrer hatte in der 12. Klasse die Arbeit mit der Abiturgruppe aufgenommen. Um ihm den Einstieg zu erleichtern, war eine Epoche angesetzt worden, in der wir beide die Klasse morgens getrennt unterrichteten. Das war eigentlich nichts Ungewöhnliches! Die zentralen Abschlussprüfungen haben seit je den gewohnten Ablauf der 12. Klasse gestört und inzwischen nahezu vollständig ihren Zwecken untergeordnet. Mir erwuchs daraus ein unverhoffter Freiraum und ich war entschlossen, ihn für ein Experiment zu nutzen, zunächst aber nicht in dem beschriebenen inhaltlichen Zusammenhang. Die für das Ende der dreiwöchigen Epoche terminierte Geschichtshospitation war so weit längstens vorbereitet, dass wir es bei gelegentlichen Auffrischungen bewenden lassen und uns für den Zeitraum von drei Wochen einmal etwas ganz Anderem widmen konnten.

Der Montagmorgen der Epoche beginnt mit einer kleinen Ansprache:

„Sie werden", so etwa lasse ich mich vernehmen, „in wenigen Wochen von der Schule gehen. Begleitet von den besten Wünschen Ihrer Lehrerinnen und Lehrer: für Ihren Lebensweg im Allgemeinen und Ihre Berufslaufbahn im Besonderen. Darin erschöpft sich in der Regel der Einfluss, den wir *hier* noch auf das nehmen, was *dort* geschieht. Warum auch sollte Schule am Ende mehr sein als eine Schnittstelle zum Beruf? Was man für *dort* hat tun können, ist *hier* längst geschehen. Also getrost das *eine* sauber vom *anderen* trennen. Die Schulzeit reicht allein bis zu ihrem Ende. Danach folgt zwar nicht der Traumberuf, aber doch die möglicherweise anhaltende Suche danach. 'Was eigentlich will *ich* tun? Wo ist *mein* Platz, an dem *ich* tätig werden will?' Fragen dieser Art werden sich Ihnen stellen, von den bereits erwähnten Segenswünschen begleitet. Was damit auf Sie zukommt, möchte ich Ihnen etwas eindringlicher durch einen Blick zurück auf die hier verbrachte Zeit vor Augen führen. Sie haben am Anfang dieses Schuljahres etwa, um nur eine der vielen unbeachteten, weil allzu vertrauten Gewohnheiten herauszugreifen, Ihren Stunden- und Epochenplan erhalten. Demnach konnten Sie bereits am 9. September 2001 mit einiger Sicherheit voraussagen, dass Sie heute, am Montag, den 15. April 2002, Geschichte bei Herrn Iwan haben würden. Diese Sicherheit werden Sie in einigen Wochen nicht mehr haben. Für das, was Sie am 15. April 2003 tun werden, wird es vermutlich keine so klare Vorgabe mehr geben wie noch in diesem Jahr. – Vielleicht stellen Sie das plötzliche Fehlen solcher Direktiven mit Erleichterung fest und gehen nunmehr ohne angezogene Handbremse auf endlich beschleunigte Lebensfahrt. Vielleicht weckt das Fehlen bislang selbstverständlicher Gewohnheiten auch andere Gefühle in ihnen. Niemand mehr, der Ihnen das Lernmenü aus der Überfülle der Angebote zusammenstellt, auf dem Tablett einer sorgfältigen Unterrichtsvorbereitung präsentiert, niemand, der Sie anhält zu tun, wozu Sie sich selbst in Bewegung setzen sollten. Wie werden Sie reagieren? Unangenehme Empfindungen durch den raschen Wechsel in die nächste Institution gar nicht erst aufkommen lassen? Es gibt ja auch andere mit geregeltem Ablauf ...

Genug spekuliert! Ich möchte das mit Ihnen jetzt etwas anders machen. Dort, wo man sich von Ihnen für gewöhnlich abwendet, möchte ich den Grundstein einer Brücke legen, deren wesentliche Pfeiler in der Zeit stehen, die aber zu einem nicht unbedeutenden Teil bereits sichtbar werden soll. Seinen Anfang nimmt der Bau noch vor dem Ende Ihrer Schulzeit und kann weit hinein reichen in die Zukunft, die bald für Sie beginnt.

Kurz und unverblümt: Am Ende der Epoche sollte jeder von Ihnen als Ergebnis unserer Arbeit eine Mappe in Händen halten. Darin sollten möglichst viele Ihrer im Verlaufe der Schulzeit erworbenen

Fähigkeiten dokumentiert sein. In einer Form, die es jedem möglichen Leser Ihrer Mappe erlaubt, sich selbst über Ihre Fähigkeiten ein Urteil zu bilden. Zu diesem Zweck bitte ich Sie jetzt zunächst zurückzuschauen. Fragen Sie sich einfach mal, was Sie in den zurückliegenden vier, vielleicht fünf Jahren gelernt haben, und wenn Sie etwas gefunden haben, ich bin sicher, Sie finden was, teilen Sie es zunächst Ihrem Banknachbarn mit. Später tauschen wir uns in der Runde aus.

Dem Lernen auf die Spur kommen ...

Bei aller Ausführlichkeit habe ich doch etwas vergessen, was der Unternehmung von Beginn an eine denkbar interessante Wendung gibt. „Was Sie in den letzten Jahren gelernt haben ...", als ordentlicher Vertreter meiner Zunft habe ich da natürlich an die Schule gedacht. Freilich mit allem, was sie über den gewohnten unterrichtlichen Rahmen hinaus zu bieten hatte: Klassenfahrt und -spiel, Praktika, Projekte ... Die Schüler aber gehen gleich noch einen Schritt weiter. Ganz ungeniert und spontan kommt ihnen unter dem Stichwort „Lernen" der Ort, an dem die Ausübung dieser besonderen menschlichen Betätigung beheimatet sein sollte, erst gar nicht in den Sinn. Dafür aber das halbe Jahr als Austauschschülerin in Odessa, die schwierige Genesungskur in Bad Sobenheim, der im benachbarten Gymnasium verantwortlich erteilte Jonglage-Kurs. Schon die erste gemeinsame Gesprächsrunde fördert Überraschendes zu Tage.

Freilich kommt vieles zunächst als Erlebnisbericht daher. Es ist ja so viel geschehen in dem halben Jahr in Odessa, der mehrwöchigen Kur, dem einwöchigen Kurs. Und bei all dem hat man gelernt. Aber was eigentlich, bei welcher Gelegenheit und wie?

Offensichtlich ist das Lernen eine leicht zu übersehende Tatsache. Selbst dort, wo es offenbar stattgefunden hat, liegt es wie eine in der Fülle der Erfahrungen zunächst unbeobachtete Wahrnehmung im Leben verborgen. Unsere Aufgabe wird es sein, die Aufmerksamkeit für diesen Vorgang zu wecken. Zunächst durch Gespräche, in kleinen Gruppen mit wechselnder Besetzung, dann in der größeren Runde. Und schließlich durch schriftliches Überarbeiten am Folgetag. Von meinem Freund und Mitstreiter Felix Winter vom Oberstufenkolleg in Bielefeld habe ich mir Vorlagen mailen lassen, Reflexionsbögen, jahrelanger Praxis entwachsen, die ich nun für meine Zwecke noch einmal überarbeite. Die Schüler nehmen sie dankbar an, sind doch die Fragen allesamt hilfreich für die Spurensuche nach dem Lernen im eigenen Erleben. Insbesondere die Fragen nach den Schwierigkeiten sind förderlich. Wie waren die Hindernisse beschaffen? Was genau hat sich mir entgegengestellt, was genau war es, was ich vielleicht *nie* glaubte bewältigen zu können und dann *doch* überwunden habe? – Tatsächlich wird den Schülern, je näher sie sich an ihre Schwierigkeiten heranschreiben, bewusst, was im Leben sonst verborgen liegt.

So rasch freilich wird keiner von ihnen dabei seinem eigenen Lernen zuschauen können. Sie müssten denn als Voraussetzung ihr eigenes Denken beobachten, *das*, so die geniale Entdeckung Rudolf Steiners, *„unbeobachtete Element unseres gewöhnlichen Geisteslebens"*.[35] Und das käme jetzt wohl zur Unzeit. So verfrüht es aber wäre, die Methode der seelischen Beobachtung auf das Phänomen des menschlichen Lernens anzuwenden, so rechtzeitig ist es, die altersgemäßen Grundlagen dafür zu legen, eigentlich für das, was heute landauf, landab als „lebenslanges Lernen" mehr gefordert als gefördert wird. Wie aber wollte man *„lernen sein ganzes Leben hindurch vom Leben"*[36],wenn man sich mit der damit verbundenen besonderen Tätigkeit nicht allmählich vertrauter machte.

Kopernikanische Wende

Am nächsten Morgen unterhalte ich mich mit Moritz. Moritz ist weit größer und kräftiger als die Vorstellung, die sein Name weckt, entschieden sensibler und offener als der Umgang, den er mit seinen Gegnern auf dem Felde des American Football pflegt – seiner bevorzugten Sportart nicht zuletzt deshalb, weil sie ihn allwöchentlich zuverlässig über die Schmerzgrenze treibt. „Etwas ungewohnt, das Ganze", meint er. „Eigent-

---

[35] Rudolf Steiner, *Die Philosophie der Freiheit*, GA 4, Dornach 1973, S. 42.
[36] Rudolf Steiner, „1. Vortrag über Volkspädagogik", GA 192, 1991, S. 119f.

lich weiß ich nur, was ich nicht kann. Also ehrlich, man guckt doch nur auf die Defizite. Und jetzt soll ich sagen, was ich gelernt habe? Fähigkeiten? Hm ..." – „Einfach Stärke zeigen, wie am Wochenende, nur auf einem anderen Feld", veranlasse ich ihn zu einem Lächeln aus den Mundwinkeln. Tatsächlich kann Moritz viel mehr als er von sich zu wissen glaubte: Etwa als Filmvorführer im Kino *Schafstall*, einem prähistorisch anmutenden Vorläufer heutiger, hightechbildernder Abfüllanstalten. Der Wechsel der Filmrolle im *Schafstall* ist noch ein Abenteuer der manuellen Art und will gelernt sein. „Einfach damit sich das Ganze nicht hinaus bis auf die Strasse abspult (ist tatsächlich schon vorgekommen, aber nicht bei mir), sondern auf der Rolle. Und dann das Timing! Schließlich will man die Zuschauer nicht im bildlosen Dunkel endlose Sekunden dürsten lassen. Eigentlich muss der Wechsel ja nahtlos vonstatten gehen. Und genau das will gelernt sein."

In der großen Runde hören wir anschließend den *Lernbericht* von Helena. Die temperamentvolle junge Dame hat einen ausländischen Freund, der von weit her kommt und dem vor einiger Zeit die Ausweisung dorthin zurück drohte, den sie aber aus erfindlichen Gründen nicht hatte ziehen lassen wollen. Also musste sie ihm, der des Deutschen nicht mächtig war, unter die Arme greifen. Als nichts mehr half, versuchte sie es mit Hilfe eines Rechtsanwaltes: „Da saß ich also hier in Schwäbisch Hall in der Kanzlei, habe dem Herrn Juristen alles auseinandergesetzt, ich habe ihm alles erzählt, was ich wusste und anschließend – nichts mehr verstanden. Das war so, als würde ich in der Fremdsprache wieder von vorne anfangen. Was ich in den Wochen danach gelernt habe, ist ganz einfach. Ich habe gelernt, die Sprache eines Rechtsanwaltes zu verstehen. Das heißt, eigentlich habe ich auch gelernt, einen Rechtsanwalt dazu zu bewegen, sich so auszudrücken, dass ich ihn verstehe. Meinen ersten Auftritt in der Kanzlei hab' ich natürlich noch als stummes Mäuschen gegeben. Und *natürlich* hat sich das dann geändert. Aber halt, da war noch was! Der erste Rechtsanwalt hat nämlich gar nicht gearbeitet. Bloß übernommen hat er, was ich für ihn vorbereitet hatte. Ehrlich, er hat sich nur so lange und so weit bewegt, wie ich ihn geschoben habe. Bis ich ihm das dann sagte und mir anschließend einen neuen Rechtsbeistand gesucht habe. – Ist das jetzt eigentlich auch eine Lernerfahrung gewesen?" Immer wieder schauen wir zurück und entdecken Früchte, die unbeachtet herangereift sind. So unzeitgemäß unsere Art des Erntedanks zu Frühlingsbeginn auch sein mag, sie hat ihre wohltuende Wirkung: „Mal klar kriegen, was *ich* kann und vor allem Selbstbewusstsein tanken ...“ – Möglich, dass den Schülern dabei noch keine Flügel wachsen, doch mindestens sind es Luftkissen, die ihnen in den nächsten Wochen fühlbar Auftrieb geben. „Auf-richten statt unter-richten", die so eindringlich den Paradigmenwechsel des schulischen Lernens fordernden Worte des Bildungsjournalisten Reinhard Kahl erschließen sich mir in ihrer ganzen Bedeutung. Gerade auch deshalb, weil ich mehr zuhören kann, weniger selbst rede und mir dabei täglich neue, bislang völlig unbekannt gebliebene Seiten von den Schülern vor Augen geführt werden. Von allen! Auch von denen, die in meinem Fach zuverlässig und noch nie etwas zu Wege gebracht haben, erfahre ich, dass sie anderswo durchaus lustvoll auf Lernwegen wandeln.

Eine Selbstverständlichkeit? Sicher! *Wir* alle wissen ja, dass Begabungen weiter reichen als die Grenzen des eigenen Faches. Nur leben *wir* dieses Wissen nicht in der täglichen Praxis. So zählt die Verengung der Sicht, das Urteil über den Schüler allein aus dem, was er in *unserem* Fach nicht leistet, vielleicht mehr, als wir uns eingestehen, zu den heimlichen Gebrechen des Berufes. Auch die Summe der Fächer ergäbe nicht, was wir hier meinen. Die Umkehr des Blickes ist von anderer Art. Sie kommt allein dem gleich, was Rupert Vierlinger, Nestor der Portfolio-Methode aus Österreich, als „kopernikanische Wende in der Leistungsbeurteilung"[37] bezeichnet hat. Und eine Portfoliomappe soll am Ende dabei rausschaun ...

Einen Beruf intuieren

Methodisch führt der Weg in diesen Wochen von Orten des außerschulischen Lernens über Erfahrungen in Praktika und Projekten zu den praktisch-künstlerischen Unterrichten der Oberstufenjahre und schließlich zu den Fächern, die – nicht erst im Abschlussjahr – den meisten Raum für sich beanspruchen, dafür aber ins Zentrum des Lernens zu führen

---

[37] vgl. Rupert Vierlinger, *Leistung spricht für sich selbst*, Heinsberg 1999.

84

verheißen. Und da wird's schwierig! Gelernt? – Deutsch, Mathematik, Englisch ... hm! War da was? Und wenn ja, wie soll man *das* zeigen? – Liegt die Betätigung in diesen Fächern dem Denken etwa so nahe, dass sie gerade dadurch ungreifbar wird? Oder ist es vielmehr die geheime Die-Welt-ist-fertig-Botschaft dieser Unterrichte, die sie leicht verfestigt und dadurch dem Lernen (zumindest dem, dem wir hier auf der Spur sind) entfallen läßt? Wie dem auch sei! So spontan die Schüler bei ihrer Rückschau auf außerschulisches Lernen zugegriffen haben, so ausdauernd scheu verhalten sie sich gegenüber dem Kernbereich der Schule selbst.

Zunächst aber kommt Herr Bergmann, Berufsberater vom Arbeitsamt. Eigentlich war er ja schon da, am Ende der 11. Klasse, um vorsorglich über die 1001 Möglichkeiten zu informieren, die sich den Schülern nach absolvierter Fachhochschulreifeprüfung eröffnen würden. Diesmal kommt er in veränderter Mission. Nicht zu informieren, zu intuieren ist sein Teil. Er soll jedem Schüler auf den Kopf zu einen für ihn möglichen Beruf nennen. Als Input erfährt er einzig, was jeder der Beteiligten sich aus seinem in Entstehung begriffenen Fähigkeitsprofil ausgesucht und dem aufgeschlossenen Herrn vom Arbeitsamt vorgestellt hat. „Genau diese Vorleistung", sagt er mir später, „diese ins Konkrete führenden Gedanken fehlen mir sonst fast vollständig in der Einzelberatung. Ich bekomme tatsächlich oft nicht mehr als einen Satz zu hören, vielleicht noch einen Wunsch. Und dann soll ich den Beruf wie der Zauberer das Kaninchen aus dem Zylinder ziehen!"

Da weiß Steffen mehr zu erzählen. Er hatte sich einst im praktischen Projektunterricht die Aufgabe gestellt, die in der Schule vorhandenen, schon wegen ihres Übergewichtes unpraktischen Stellwände durch einen leichten, komfortablen Prototyp zu ersetzen. Die Durchführung dieser Aufgabe beschreibt er nun bis ins Detail, haarscharf heran an die Schwierigkeiten und mitten hinein ins Lernen. Christof schließt sich an. Im Marionettenprojekt (einem sich über vier Jahre erstreckenden Vorhaben speziell dieser Klasse) hatte er sich im Prüfungsjahr (das Projekt wurde tatsächlich als praktische, so genannte Jahresarbeit Teil der Fachhochschulreifeprüfung) mit der Konstruktion besonders anspruchsvoller Marionettenkreuze beschäftigt und war hier auf bislang ungelöste Fragestellungen gestoßen. Marionetten der Art, wie man sie brauchte, gab es offenbar noch nicht. Die Lösung dieser Rätsel kam einer ersten schöpferischen Tat gleich und Christoph war sie gelungen. Auch darüber berichtet er nun Herrn Bergmann. Der hört so ungewohnt viel zu wie ich in den letzten Tagen, dann holt er spürbar Atem: „Produktdesign! Die Tätigkeit, von der Sie mir da eben berichtet haben, könnten Sie beide nahtlos als Studium an der Fachhochschule in Schwäbisch Gmünd fortsetzen. Aufgaben dieser Art, denen Sie sich bereits gestellt haben, bekommen Sie dort gleich am ersten Tag vorgesetzt. Das Beste, Sie nehmen Ihre Mappe, die ja am Ende entstehen soll, gleich mit. Denn genau das ist es, was Sie dort zur Bewerbung vorlegen sollen. Eigentlich bereiten Sie sich gerade schon auf diese Bewerbung vor. Und jetzt wissen Sie es sogar.“

Ich weiß nicht, ob Steffen und Christof tatsächlich mit ihrer Mappe an der FH in Schwäbisch Gmünd vorstellig werden. Wichtiger als das ist, dass sie aus der unübersichtlichen Zahl ihrer Möglichkeiten eine konkret vor Augen geführt bekommen. Was sie dann daraus machen, kann man getrost in ihre Freiheit stellen. Nur auf die Eröffnung der freien Entscheidung kommt es an, auf das Anstoßen des Willens zur eigenen Orientierung. Und dazu hat Herr Bergmann an diesem Morgen allen verholfen ...

Die Bewerbungsmappe

„Versuchen Sie jetzt das bisher Erarbeitete für andere einsehbar zu machen. Gestalten Sie eine Mappe! Wie sie aussehen soll, überlasse ich Ihrer Selbstständigkeit. Nur dokumentieren Sie darin Ihre Lernerfahrungen. Machen Sie sichtbar, was Sie gelernt haben.“ Sehr viel weiter reicht auch diese letzte Arbeitsanweisung nicht. Doch setzt sie in den nächsten Tagen erstaunliche Energien frei. Später füge ich noch hinzu, man möge eine Art Begleitbrief schreiben, der sich an potenzielle Empfänger der *Botschaft* richten könnte: „Ihren roten Faden durch die Mappe! Machen Sie demjenigen, der sie einst in Händen hält, deutlich, was ihn darin erwarten und möglicherweise veranlassen könnte, sich der Mühe des Lesens zu unterziehen.“

Für einige Tage verwandelt sich die Klasse in eine Werkstatt: Pappe, Papier, Faden, Schere, Kleister ... und Fotos, die man entweder schon länger irgendwo aufgestöbert oder in den letzten Tagen vorsorglich gemacht hat: von der Plastik, dem Aquarellbild, der Jacke aus dem Handarbeitsunterricht ... Und mir bleibt nichts übrig, als den Ergebnissen des Wirkens und Werkens entgegenzuharren. Was die Schüler jetzt tun, können sie sowieso besser als ich es ihnen je raten würde.

Der letzte Tag unserer dreiwöchigen Unternehmung! Schon dem Auge ein Wohlgefallen, was da ausgebreitet auf den Tischen liegt! Und der erste, äußere Eindruck verstärkt sich mit jedem Blick, den ich tiefer nach innen werfe: Individuelle Fähigkeitsprofile, denen die dekretierte Einheitsform der Abschlussprüfung nicht viel mehr als den Charme aufmarschierender Klone entgegenzusetzen hat. Die erste Mappe, die ich aufschlage, ist die von Moritz. Im Begleitbrief auf der Innenseite steht:

„Es ist schwer, sich ein Urteil von jemandem zu machen.

Schwerer ist es, sich ein richtiges Urteil von jemandem zu machen.

Am schwersten aber ist es, sich ein Urteil über sich selbst zu bilden.

Fast unmöglich ist es, sich ein Urteil über sich selbst so zu bilden, dass ein anderer es richtig versteht. Wenn Sie wissen wollen, wie schwer es ist, sich ein angemessenes Urteil über jemanden zu bilden, dann lesen Sie jetzt in dieser Mappe ...“

Die nächste Mappe, die ich aufschlage, ist von Maria. Sie gleicht in Format und Aussehen einem selbstgefertigten Fotoalbum. Insbesondere aufgearbeitet hat sie darin die für sie so schwierigen Erfahrungen während ihrer Rückenkur. In ihrer Einleitung schreibt sie:

„Diese Mappe ist nur ein Anfang. Sie ist noch nicht fertig und wird es auch nie werden. Weil jeder Mensch sich im Verlaufe seines Lebens immer weiter entwickelt, wird diese Mappe mit mir wachsen, aber nie fertig werden ...“

Treffender kann man das in der Zeit liegende Wesen der Portfolioarbeit kaum beschreiben. Die dritte, die ich aus dem Reigen der Mappen herausgreife, ist die bunteste. Ihr DIN A 3 Format sticht deutlich hervor. In der Hülle finden sich für jeden der bearbeiteten Bereiche kleinere, eigens angefertigte Einzelmappen. Auf der Innenseite des Umschlagdeckels dann Beates, der Autorin Begleitbrief, am Rande mit einem durch das Papier gewirkten roten Faden versehen: „Damit der Leser ihn auch wirklich findet", kommentiert sie schmunzelnd.

„Aber Katharina", entfährt es mir beim Durchblättern einer weiteren Mappe, „warum in aller Welt haben Sie denn das gemacht?" Ich bin im Bereich der Kernfächer auf einen ziemlich 'geröteten' Aufsatz gestoßen, der abschließend auch noch ein „Mangelhaft" bescheinigt bekommen hat. „Weiterblättern!" kommt die lakonische Aufforderung. Tatsächlich folgt einige Seiten später eine Übungsarbeit Deutsch aus dem zurückliegenden Schuljahr, diesmal ist es allerdings ein Zweier. Dazwischen hat Katharina Tipps notiert, für Verzweifelte: Wie man sich in Deutsch verbessern kann, auch wenn man es nicht für möglich hält ...

Überhaupt: Was die Schüler alles können und ich nicht für möglich gehalten habe ...

So konnte ich vor einigen Jahren einen Versuchsballon starten. Was hier von seinem Aufstieg berichtet wird, kann als Startpunkt für die weitere Entwicklung von Prüfungsformen genutzt werden, die zwischen abzurundender schulischer Bildung und beginnender Berufsbiographie vermitteln. Formen, die, statt vor der Zukunft „im Namen des Staates" abzuschirmen, Perspektiven für ihre Ausgestaltung eröffnen. Den damit eingeschlagenen Weg können Schüler jederzeit in Eigeninitiative (und mit der eigenen Mappe) fortsetzen. Zur Entwicklung dieser Perspektive (in ihrer gesellschaftlichen Dimension) aber bedürfte es daneben eines spürbaren schulischen Engagements. In den entsprechenden Abschnitten wird im Folgenden darauf näher einzugehen sein. Zunächst aber genügt es, dieses Kapitel neben die entsprechenden Ausführungen aus vorangegangenen zu halten: Für Anregungen, wie man die Schule von ihrem Ende her befreien könnte, rückwirkend für das Lernen und vorausschauend auf das Leben.

Wie reformfähig ist die Waldorfschule?

Einige Tipps zum Einsteigen

Eigentlich hätte ich es wissen müssen. Vor Jahren bereits war es mir genauso gegangen. Ich hatte mich, wie heute für Portfolio, damals für die Projektarbeit begeistert. (Heute begeistert mich der innere Zusammenhang beider Begriffe.) Seinerzeit fing ich an, Projekte zu machen. Damit wurden der Begriff und seine Umsetzung in der Schule ruchbar. Zunächst als Fremdkörper beargwöhnt, erlebte das Projekt später einen Boom. Genau genommen aber nur das Wort, das eine Zeitlang in aller Munde war. Alles wurde zum Projekt, schließlich zur Projektitis und dann war alles vorbei. Der Begriff war erledigt. Was nicht stattgefunden hatte, war die Auseinandersetzung mit der Sache. Erst gemieden, dann an alles verschwendet, entfiel er uns, ohne dass er uns hätte zeigen können, was in ihm steckt.[38]

Mit Portfolio war es auf eine andere Art ähnlich. Der Begriff schlug ein wie der Blitz. Und wie es schien, erhellte sich dabei auch das, worauf er wies. Klar, das war's! Kein Argwohn, keine Abwehr! Nur Evidenz! Ich glaubte an die Kraft der Evidenz. Diesen Exoten würde man als Insider erkennen. Diesmal durfte die Sache nicht isoliert werden, indem man den Begriff inflationär verbrauchte und einseitig mit einer Person verband. Sie sprach ja für sich. Doch dann geschah es! Nach einigen Anlaufschwierigkeiten wurde ein Zipfel dessen, was Portfolio umfasst, greifbar mit dem Prinzip der Individualarbeit, der oben so genannten integrierten Jahresarbeit. Das war's dann! Weder abgelehnt noch verbraucht wie vormals der Projektbegriff, wurde das Potential dieses Neulings durch seine vorschnelle Festlegung neutralisiert. Und das ausgerechnet, indem wir uns auf den Teil seines Bedeutungsumfanges versteiften, den wir aus unserer Tradition der Jahresarbeit schon kannten.

Nicht genug damit, er wurde gleichzeitig verwässert. In einer Klasse gelten die Berge der (seit einigen Jahren) am Schuljahresende gebundenen

---

[38] Vgl. Rüdiger Iwan, *Ansätze zur Neugestaltung der Oberstufe*, Stuttgart 2003, und Rüdiger Iwan, *Phantasie und Verantwortung*, Heidelberg 2004.

Epochenhefte nun, weil sich einige wenige Einsprengsel in Form von Individualarbeiten darin finden, *summa summarum* als Portfolios: Materialsammlungen, Übungsaufgaben, Kopien aus Lehrbüchern, vom Lehrer diktierte Merktexte, Tafelanschriebe aus Lehrerhand, Versuchsanordnungen aus dem Unterricht. In keinem der Hefte werden Kriterien wie die unter den Stichworten „Ziel", „Kontext", „Auswahl", „Reflexion" und „Bewertung" erläuterten[39] auch nur andeutungsweise berücksichtigt. Und doch ist das alles jetzt Portfolio. Jedenfalls hat man es kraft des eigenen Vorurteils dazu erklärt und damit ein sicheres Mittel gefunden, *den* Begriff zu ruinieren, der als Synonym für Entwicklung in allen ihren Facetten stehen könnte. Dass das alles nicht aus böser Absicht, sondern nur aus Bewusstlosigkeit geschieht, macht es zu ertragen letztlich nicht leichter.

Was also tun – vor diesem Hintergrund? Wenn ich im folgenden Teil, statt weiter düstere Szenarien zu zeichnen, Hinweise und Tipps gebe, dann nicht, weil ich glaube, dass die Situation in anderen Waldorfschulen besser wäre. Zu viele Gespräche mit engagierten Kolleginnen und Kollegen aus Waldorfschulen in ganz Deutschland haben mir in den letzten Jahren die Ausmaße des Reformstaus vor Augen geführt, in dem wir stecken. Die Führungslöcher der an den Schulen ausgeprägten Form der Selbstverwaltung gleichen sich allzu sehr, nur dass es neben der beschriebenen Variante selbstverständlich noch weitere gibt. Wenn mir beispielsweise ein Kollege versichert, im Vorstand seiner Schule säßen ehemalige Waldorfschüler (nunmehr als einflussreiche Elternvertreter), die einer allzu innovativen Kollegin die Hölle heiß machten, indem sie ihren Neuerungen mit dem Wortlaut der Epochenhefte aus der eigenen Kindheit begegneten („So wird's gemacht, nicht anders, da steht's") und mit Sicherheit die gesamte Schule in den Zustand der Paralyse versetzten, dann wird mir bewusst, dass ich eher die 'liberale' Form der Reformverhinderung kenngelernt habe, die 'orthodoxe' aber weitaus verbreiteter zu scheint als ich dachte.

Warum also Tipps für Reformwillige? Weil ich in der Reformierbarkeit der Waldorfschulen trotz allem eine bewältigbare Aufgabe erkennen

---

[39]   siehe Kapitel „Was ist Portfolio?", S. 16 ff.

möchte? Nein, vielmehr deshalb, weil ich weiß, dass dort 'supertolle' und engagierte Kolleginnen und Kollegen wie in Käfigen einsitzen und nur allzu gern eine Schule verwirklichen würden, die sich auf die Höhe ihrer Zeit vorarbeitet, statt sich in einer Nische zu behaupten![40]

Reform der kleinen Schritte

Der Weg von der Einsicht in die Umsetzung ist länger als vermutet. Das ist zwar eine Binsenweisheit, sie kann aber bei der Einführung der Portfolioarbeit sehr eindrücklich werden. Statt mit vollen Segeln auf die Vollform dieser Arbeitsweise zuzusteuern und nachher festzustellen, dass man mit nur dürftiger Fracht ans Ziel kommt (oder – schlimmer noch – das wenige, was man mitführt, für ein Ganzes hält), sollte man deshalb besser das Gegenteil tun: Mit dem Begriff haushalten und ausgewählte Elemente einzeln erproben! Zwar hat Portfolio mit einem Organismus gemeinsam, dass es als Ganzes mehr ist als die Summe seiner Teile, aber nichts spricht dagegen, es in Teilen zu erproben. Ohnehin existieren sie ja getrennt voneinander. Wer hätte nicht bereits vor Portfolio etwas von Präsentationsformen gehört? Oder die Frage nach förderlichen Formen der Bewertung, die seit einigen Jahren in der modernen beruflichen Ausbildung erfolgreich gestellt – und beantwortet wird.[41]

Mit der in diesem Buch beschriebenen 'wechselseitigen Begutachtung' könnte man nun selbst beginnen. Einige Voraussetzungen müsste man herstellen: Eine Aufgabe, an der die Schüler über längere Zeit arbeiten, die zu einem Zeitpunkt wechselseitig wahrgenommen würde, zu dem sie noch unfertig ist und als 'Halbfabrikat' vorliegt. Die Bereitschaft dazu müsste vorhanden sein oder geweckt werden. Die Gewohnheit, nur Fertiges abzugeben, statt sich im Prozess der Entstehung in die Karten

---

[40] Die Gründung der perpetuum novile gGmbH ist als Antwort auf den Reformstau an Waldorfschulen erfolgt. Die Doppelstrategie, Impulse der Waldorfpädagogik unabhängig von der Waldorfbewegung gesellschaftlich zu realisieren, um Rückwirkungen auf diese selbst zu erzielen, könnte sich als wirksam erweisen.

[41] in so unterschiedlichen Firmen wie dem *dm drogerie markt* und der *DaimlerChrysler AG* z. B.

gucken zu lassen, ist groß (und alt). Aber der Gewinn für die Beziehungen unter den Schülern, wenn es gelingt, diese neue Klassenkultur zu etablieren, übersteigt die Investitionen um ein Vielfaches. Ebenso wenig muss man von Portfolio sprechen, wenn man Elemente der Reflexion einführt, den Blick auf das „Wie", den eigenen Arbeitsstil, den Umgang mit der Zeit, die Hilfestellungen von außen usw. Dieser qualifizierte Rückblick, in viele einzelne Fragen gegliedert, sollte auch in Form einzelner Fragen eingeführt werden. D. h. die Reflexion nicht als Vollform einführen, sondern in Form kleiner Anläufe erproben. Also besser mit vielen Beibooten Neuland ansteuern, als unter Volldampf Schiffbruch erleiden!

Weniger ist mehr ...

Der Hinweis scheint mir eine eigene Überschrift wert. Jeder, der ernst macht mit der Einführung von Elementen der Portfolioarbeit, sei sich darüber im Klaren, dass er auf Stoff wird Verzicht leisten müssen. Ich weiß, wovon ich rede! Und wie gern wir Lehrer etwas durchnehmen, was wir für unverzichtbar halten! Aber die Meta-Elemente der Portfolioarbeit fordern ihre Entwicklungszeit. Entweder macht man Ernst mit der Unterrichtsökonomie (sucht sich die Klappe zum Schlagen möglichst immer mehrerer Fliegen anzueignen) oder man scheitert mit der Portfolioarbeit. Mit der Haltung, auf all das Gute, das man sowieso schon durchnimmt, dieses ebenfalls Gute draufzusetzen, ruiniert man die Schüler und sich selbst. Konkret heißt das, dass nichts dabei herauskommt, wenn man Schülern am Ende einer Epoche einen Reflexionsbogen mit einer Vielzahl an Fragen in die Hand drückt, die sie – aus Zeitmangel – am besten zu Hause beantworten sollen. Entweder entdeckt man in sich die Sorgfalt, die es braucht, sich auf diese Art Fragen (und die damit verbundene Haltung) einzustimmen, oder man wird auf seinem Reflexionsbogen Schülerantworten wiederfinden, die einem im Spiegel bisweilen drastischer Formulierungen die eigene Fehleinstellung vor Augen führen. Wenn man darin dann nur den Beweis zu sehen glaubt, dass Reflexion in *diesem* Alter viel zu früh gefordert wurde (statt den Fingerzeig auf die fehlende Selbstbesinnung darin zu erkennen), dürfte die Einstellung des Experimentes unmittelbar bevorstehen. Also Zeit nehmen und Zeit geben für das Neue!

Mitstreiter finden, die Eltern einbeziehen

Natürlich hindert einen niemand daran, einfach zu beginnen. Zumindest in der Waldorfschule liberaler Prägung ist man als Königin oder König im eigenen Reich in der zunächst glücklichen Lage, Experimente machen zu dürfen. Das sollte man ausnützen! Doch ist es eine Eigentümlichkeit insbesondere der Portfolioarbeit, dass dies nur in begrenztem Maße möglich ist. Wenn, wie weiter unten aufgezeigt, die Rahmenbedingungen des Lernens unweigerlich mit in den Blick geraten, treten sehr rasch Fragen auf, die eine Fachlehrerin (auch ein Klassenlehrer) allein nicht beantworten kann. Zusammenarbeit wird zum Gebot der Stunde. Noch etwas anderes kommt hinzu. Kernanliegen der Portfolioarbeit – wie etwa die oben erwähnte Reflexion – sind so ungewohnt, dass der einzeln kämpfende Lehrer damit bei den Schülern auf Dauer chancenlos bleibt. Sich als Schüler in die Region der Reflexion aufzuschwingen und zu bemerken, dass da 'unter einem' so etwas wie ein Weg existiert, seine Beschaffenheit 'adlergleich' in den Blick zu nehmen und auch noch in Worten zu 'erden', vielleicht zuletzt gar sich selbst als denjenigen zu erkennen, der ihn nicht nur überfliegt, sondern da unten auch begeht, kann ein beglückendes Erlebnis sein. Doch kündigt es sich zunächst durch vermehrte Anstrengungen an. Wenn diese immer nur von einem Lehrer ausgehen, die anderen es einem aber durch die Beibehaltung des Gewohnten scheinbar leichter machen, hat es der, der einem diese 'Antipathie' aufzwingt, mindestens doppelt so schwer, wenn ihm alsbald sein Versuch nicht vollständig unmöglich gemacht wird!

Also rechtzeitig nach Mitstreitern Ausschau halten! Wenn in einem Klassenkollegium nur einige an einem Strang (mit vielen Fäden) zu ziehen beginnen, verliert das Neue in dem Maße das Flair des Exotischen, das es den Schülern leichter macht, sich den Anstrengungen zu stellen. Sinnvoll ist es also, eine Gruppe in einem Klassenkollegium zu bilden. Hier sollten sich die einfinden, die in die Sache Zeit und Kraft zu investieren bereit sind. (Das Gegenteil erlebe ich seit Jahren an Kollegen, die die Sache zwar ausdauernd interessant finden, aber in ihre Erschließung Energie zu stecken sich nicht entschließen können.) Mit der Bildung einer Gruppe von Mitstreitern hat man freilich das nächste Problem geschaffen: Zwei Gruppierungen in einem Klassenkollegium. Allerdings wird man immer mit Spannungen rechnen müssen, wenn

Entwicklung – unter bewussten Zielsetzungen – angestrebt wird. Mit einer solchen Gruppe, die ohne einen aktiven Klassenlehrer oder –betreuer wohl kaum eine echte Chance hat, können dann aber auch Ziele – wie das einer Jahresmappe – angesteuert werden. Eine Prüfung am Jahresende bietet jetzt die Chance, weitere Kollegen aktiv mit einzubeziehen und dadurch zu gewinnen. Präsentationen und Prüfungen, wie ich sie weiter oben beschrieben habe, können ein so positives Echo im Kollegium hervorrufen, dass damit das Neue allseits und mit nachhaltiger Wirkung zu Ohren kommt.

Eine weitere Chance bietet die Einbeziehung der Eltern. Und zwar deshalb, weil sie sachlich notwendig ist. Davon abgesehen, sind es häufig die Eltern, die aus ihrem beruflichen Hintergrund heraus Verständnis (und nicht selten auch die Praxis) für Elemente der Portfolioarbeit mitbringen. Damit können sie zu wesentlichen Verbündeten werden! Wie oben bereits aufgezeigt wurde, geht es bei der Entwicklung von Präsentation und Prüfung jenseits staatlicher Berechtigung in erster Linie um phantasievolle Formen öffentlicher Teilnahme, d. h. in einem ersten Kreis der Öffentlichkeit um die Eltern! Also nicht nur auf dem Elternabend informieren, sondern die Eltern (von der ersten Klasse an!) rechtzeitig in die Vor- und Nachbereitung von Prüfung und Präsentation einbeziehen.

Räumliche und zeitliche Rahmenbedingungen beachten

Durch die Portfolioarbeit kommt unweigerlich alles in den Blick, was das Lernen verschult. Überall stößt man an. Den Anfang machen die äußeren Arbeitsbedingungen. In der Art, wie der Unterrichtsraum eingerichtet ist, verhält er sich abweisend zu den Phasen selbstständigen Arbeitens. Was fehlt, ist etwas zwischen klassischem Klassenzimmer und Flur: Ein Raum mit beweglichen Wänden, der unterschiedlichen Erfordernissen angepasst werden könnte. Die Architektur der Waldorfschulen wirkt hier eher behindernd. Lange Flure, große Foyers und vor allem Klassenzimmer, die in der Anordnung ihres Mobiliars nur die eine, frontale Unterrichtsform zuzulassen scheinen. Man muss vor Ort auf die Suche nach Kompromissen gehen, inwieweit man unter den gegebenen Umständen einen „Zwischenraum" für die Arbeit der Schüler findet.

Wie an die räumliche, so stößt man auch an die zeitliche Organisation des Lernens. Der strenge, der Fabrikordnung des 19. Jahrhunderts entstammende Stundentakt, kann Schüler des 21. Jahrhunderts im „Haus des Lernens" nicht beheimaten. Aber was tun, wenn Deutsch, Englisch und Eurythmie nun einmal ins pünktliche Nacheinander gezwungen sind? Angenommen aber, die Fächer bzw. ihre Lehrer hätten inhaltlich und methodisch zueinander gefunden, z. B. in einer 11. Klasse mit einem bilingualen Projekt zu den Inhalten von Shakespeares *Macbeth*, dann könnten sich die beteiligten Lehrer und Schüler in diesem Korsett schon ein wenig freier bewegen. Wie das? Indem die Elfer mit ihrem Eurythmielehrer die Hexenszene aus *Macbeth* erüben. Da sie das selbstständiger als sonst tun, braucht es mehr Zeit und die nehmen sie sich auch. Nur der Eurythmielehrer muss gehen, der Stundenplan fordert seine Präsenz anderswo. Dafür kommt die Englischlehrerin. Die Hexenszene ist ihr natürlich vertraut, die Eurythmie weniger. Es reicht aber aus. Schließlich arbeiten die Schüler selbstständig, und dass die Englischlehrerin bereit ist, etwas in Eurythmie dazuzulernen, macht auf sie keinen schlechten Eindruck.

Die schriftliche Reflexion, die nach der Erarbeitung und Einübung der Choreographie aus dem Rückblick entsteht, kann besser als im Eurythmieunterricht in der Deutschstunde entstehen. Man sieht, wohin man kommt – und wird den Haken an der Sache längst bemerkt haben. Wir stoßen bei dem Versuch, das Zeitkorsett zu lockern, wieder an die ehernen Bedingungen aller irdischen Räumlichkeit. Unser Eurythmiesaal ist in der Folgestunde von einer anderen Gruppe belegt und kann nicht das Jahr über für die Tage freigehalten werden, an denen es den Elfern einfällt, länger an ihrem *Macbeth* zu arbeiten. Unlösbar? Man wird mit einigem Weitblick arbeiten müssen, um für konkrete Situationen flexible Lösungen zu finden.

Mit meinem Beispiel bin ich aber ein gutes Stück zu weit vorausgeeilt. Ein solches Projekt dreier Fächer dürfte nicht den Anfang der Portfolioarbeit bilden. Die Frage nach den Zeitstrukturen stellt sich schon sehr viel früher. Wenn innerhalb eines Klassenkollegiums eine Gruppe von Lehrern an die Erarbeitung einer Jahresmappe in einer Klassenstufe geht, die sich aus Beiträgen verschiedener Fächer zusammen setzt, entsteht ein enormer Abstimmungsbedarf nicht nur der Kollegen untereinander, sondern auch mit den Kollegen, die weiterhin auf Leistungsanforderungen in der konventionellen Form der Klassenarbeit setzten. Die Leidtragenden der sich fast zwangsläufig daraus ergebenden Zusammenballungen sind die Schüler. Der Planungsaufwand ist hoch. Man hat schließlich nicht nur seinen Unterricht vorzubereiten, sondern muss seine Vorhaben von langer Hand planen und muss sie für andere transparent machen. Die Vorzüge zeigen sich allmählich: Man fängt an, so etwas wie die individuelle Zeitgestalt eines Jahres und einer Klasse überhaupt in den Blick zu bekommen. Fängt an zu bemerken, was der Kollege vorhat und Projekte wie das oben beschriebene gemeinsam zu schmieden. Lehrer behaupten gern, dass sie zusammenarbeiten möchten. Man prüfe sich, wie ernst es einem damit ist, die unsichtbaren Mauern, die die übliche Organisation schulischen Lernens zwischen den Fächern errichtet, zu durchdringen. Für die Portfolioarbeit braucht man die Bereitschaft dazu.

Die Teilnehmer am Projekt
'Neue Wege in die Ausbildung'
(siehe Seite 121)
arbeiten an ihren 'Metallportfolios'
für die Präsentation

Die Mappen nehmen Gestalt an.

Portfolios des Folgeprojektes
mit DaimlerChrysler
im Schuljahr
2004 / 2005

Gesellschaftspolitische Perspektiven der Portfolioarbeit

Im abschließenden Kapitel sollen einige weiterführende Perspektiven aufgezeigt werden. Zunächst mittels eines Auszuges aus einem Forschungsantrag zur Entwicklung der Portfolioarbeit in Waldorfschulen. Wie bereits eingangs erwähnt: Seit dem ersten Anruf ist viel geschehen. Tatsächlich hat Portfolio in den Waldorfschulen eine kräftige Resonanz hervorgerufen. Am nachhaltigsten bei meinem Freund und Mitstreiter Klaus-Peter Freitag, der neben seiner Lehrertätigkeit an der FWS Siegen mit der Leitung der Geschäfte der Landesarbeitsgemeinschaft der Waldorfschulen in Nordrhein-Westfalen betraut ist. Seit unserem ersten Zusammentreffen vor einigen Jahren hat sich Portfolio inzwischen zu einem Forschungsprojekt an Waldorfschulen gemausert. Von allen maßgeblichen Gremien der Schulbewegung begrüßt, sind inzwischen die finanziellen Grundlagen für eine dreijährige Forschungsarbeit gelegt worden und das Projekt hat seine Arbeit aufgenommen. Nicht zuletzt durch die tatkräftige Unterstützung von Michael Brater (Gesellschaft für Ausbildungsforschung und Berufsentwicklung, München), der von der ersten Stunde an in der Portfolioarbeit wesentliche Perspektiven für die Entwicklung der Waldorfpädagogik erkannt und mit zu Tage gefördert hat. Der folgende Auszug des Forschungsantrages soll Einblick geben in den Stand der Bemühungen, wie sie derzeit in der Waldorfbewegung unternommen werden.

Die folgenden Kapitel führen aus der Waldorfbewegung hinaus. Wie bereits erwähnt, haben Felix Winter und ich einen internationalen Arbeitskreis zur Portfolioarbeit gegründet, in dem sich Pioniere aus Schule, Hochschule und Wirtschaft, insbesondere Vertreter staatlicher Schulen und Schulen in privater Trägerschaft im Zeichen des Portfolios austauschen. In der im Folgenden abgedruckten Rede wird die Frage beantwortet, wie verhindert werden kann, dass das Entwicklungspotential der Portfolioarbeit vom bestehenden System korrumpiert wird (wie es in den USA im großen Stil geschieht).

Im letzten Abschnitt wird der theoretischen Antwort ein praktisches Beispiel zur Seite gestellt. Und damit sind wir am Ende bei einem überraschend neuen Anfang angekommen, dessen Dimensionen sich inzwischen deutlicher abzuzeichnen beginnen: Ein Pilotprojekt der DaimlerChrysler AG Mannheim und der perpetuum novile gGmbH, in dem gezeigt wird, wie Randgruppen Jugendlicher aus unserem am Zwang zur Aussortierung leidenden deutschen Bildungssystem eine Chance bekommen mittels Projekt und Portfolio (und ohne Zeugnis und Ziffernnote). Damit wird an einer offenen Flanke unseres Bildungssystems ein Anfang gemacht, dessen wesentliche Gebrechen zu überwinden.

Genau genommen fangen wir damit wieder dort an, wo 1919 – nach ihrer Gründung – die Waldorfschule ihre gesellschaftliche Verantwortung vergessen hat (Der Beweis freilich würde zu weit führen). Inzwischen hat der beschriebene Versuch Erfolg gehabt und ist bereits in eine wesentlich erweiterte Runde gegangen.

---

[42]   vgl. Rüdiger Iwan, *Ansätze zur Entwicklung einer neuen Oberstufengestalt,* Stuttgart 2003.

Auszug aus dem Forschungsprojekt
der LAG Nordrhein-Westfalen

1. Ausgangssituation und Problemstellung des Projekts

Es ist heute in der Berufspädagogik, aber auch bei Unternehmen und Hochschulen allgemein anerkannt, dass soziale und persönliche (Handlungs-)Kompetenzen – so genannte „extrafunktionale" oder „Schlüsselqualifikationen" – eines Schülers für dessen weitere Berufsbiographie und seine beruflichen Chancen hoch bedeutsam sind und im modernen Arbeitsleben stetig an Wichtigkeit zunehmen. Man ist sich weitgehend einig darüber, dass es heute nicht mehr nur darauf ankommt, dass jemand ein guter Fachmann ist, sondern immer mehr auch darauf, *was für eine Persönlichkeit er ist.* Dementsprechend rückt die Bildung der Persönlichkeit in allen Schularten immer mehr ins Zentrum der pädagogischen Aufgaben der Schule, und tatsächlich haben die Schulen in den letzten Jahren durchaus Anstrengungen unternommen, neben Wissen auch und besonders *Handlungskompetenzen* zu vermitteln und *Persönlichkeiten* zu bilden. Trotz des hier zweifellos immer noch bestehenden Nachholbedarfes liegen dazu immer mehr geeignete Methoden und erfolgreiche Umsetzungen vor (z. B. in Form des schülerzentrierten oder handlungsorientierten Unterrichts). Vermutlich liegt darin auch einer der Gründe für das zunehmende öffentliche Interesse an der *Waldorfschule* und ihren Methoden, denn diese Schulform beansprucht seit ihren Anfängen, die Bildung der Persönlichkeiten ihrer Schüler zum zentralen Bezugspunkt *aller* schulischen Bemühungen zu machen. Deshalb folgen die Waldorfschulen einem Lehrplan und einer Methodik, die grundsätzlich auf dieses Ziel ausgerichtet sind und sich von dorther verstehen lassen bzw. begründbar sein müssen.

Ein wichtiges Problem der Bildung von Handlungskompetenzen durch die Schule liegt in ihrer *Nachweisbarkeit.* Der Erwerb von bzw. der Zuwachs an sozialen und personalen Kompetenzen lässt sich nicht ohne weiteres feststellen und ist – zumindest ohne erheblichen methodischen Aufwand bzw. entsprechende wissenschaftliche Verfahren – weder zähl- noch messbar. Damit sind diese Kompetenzen auch im konventionellen

Sinne schulisch nicht abprüfbar und nicht benotbar. Obwohl auch schon mit *handlungsorientierten Prüfungen* experimentiert wird, kann man davon ausgehen, dass die bekannten Formen schulischer Prüfungen nicht in der Lage sind, soziale und personale Kompetenzen zu testen, nachzuweisen und zu dokumentieren. In diesem Feld sind Zeugnisse, die sich auf solche Prüfungen stützen, deshalb schlicht nicht aussagekräftig: Sie können keine Auskunft darüber geben, was ein junger Mensch tatsächlich *kann* bzw. wie er sich in praktischen Lebens- und Arbeitsfeldern tatsächlich zu bewegen vermag, wie er mit schwierigen Situationen umgeht, wie er Konflikte zu vermeiden oder zu lösen versteht, wie gründlich er ist, wie viel Ausdauer oder Flexibilität er mitbringt usw.

Die Waldorfschulen haben dieses Dilemma bisher ebenso radikal wie unter aktuellen Bedingungen unzureichend gelöst, indem sie auf Prüfungen und Noten konsequenterweise ganz verzichteten und sie durch so genannte „Wortgutachten" des Lehrers ersetzten. Da diese aber weder den methodischen Anforderungen an Prüfungen als Nachweise von Leistungen genügen noch öffentliche Anerkennung fanden, wurden und werden an diesen Schulen – teilweise auch aufgrund behördlicher Forderungen – parallel und teilweise „inoffiziell" ganz gewöhnliche Noten über schulische Leistungen geführt, die dann selbstverständlich – wie alle Noten – über die Persönlichkeitsentwicklung der Schüler nichts aussagen.

Man könnte diesen sicher unbefriedigenden, aber bisher dennoch erträglichen Zustand auf sich beruhen lassen, wenn er nicht zunehmend eine Reihe von schwerwiegenden Problemen nach sich zöge:

• Wofür es keine Noten gibt und was nicht Gegenstand von Prüfungen ist, droht im Schulalltag an Bedeutung zu verlieren. Dies nimmt vor allem in den Augen der Schüler den Bemühungen um die Förderung von Handlungskompetenzen viel Anerkennung und Gewicht – für eine Prüfung zu lernen, ist scheinbar wichtiger. Eine kontinuierlich sinkende Motivation bei einer steigenden Anzahl von Jugendlichen für die nicht direkt prüfungsrelevanten Aktivitäten ist die Folge.

• Die Prüfungsfixiertheit führt bei Schülern dazu, dass selbstständige Aktivität und persönliches Engagement an ihrem eigenen Bildungsprozess in der Mittel- und Oberstufe trotz aller Anstrengungen der Lehrer relativ gering sind. Hierin wurde lange ausschließlich ein pädagogisches und erzieherisches Problem gesehen. Es wird aber zu einem sozialen (Zukunfts-)Problem der Schüler, wenn aus Mangel an Motivation und Einsatzwillen (und nicht wegen eingeschränkter Begabung) wichtige – etwa soziale – Kompetenzen gar nicht oder unzureichend ausgebildet werden und damit individuelle Leistungsmöglichkeiten unerreicht bleiben.

- Da die sozialen und persönlichen Kompetenzen, die durch schulische Aktivitäten gefördert werden, mit den herkömmlichen schulischen Mitteln (Prüfungen und Noten) nicht sichtbar gemacht werden können, fehlt auch denjenigen Lehrern, die sich um solche schulischen Inhalte bemühen, ein Erfolgskriterium bzw. ein wichtiges Korrektiv, mit dessen Hilfe sie ihr eigenes Handeln überprüfen könnten.

- Da der „Sinn" der persönlichkeitsbildenden Aktivitäten also oft weder unmittelbar erfahren noch in Form von Prüfungen und Noten nachgewiesen werden kann, wächst der Druck auf die Schule auch von Seiten der Eltern, sich doch lieber auf die „wichtigen", d. h. prüfungsrelevanten Inhalte zu konzentrieren.

- Mit solcher Legitimation im Rücken, setzt sich das Problem in eine Art innerschulische Konkurrenz fort und Lehrer, die etwa für das Einüben eines Theaterstücks auf Kosten prüfungsrelevanter Fachstunden mehr Zeit benötigen, haben einen zunehmend schweren Stand.

- Kommen noch wirtschaftliche Gesichtspunkte hinzu, etwa wenn die persönlichkeitsbildenden Aktivitäten den ohnehin engen Schuletat belasten oder sich als nicht bezuschussungsfähig herausstellen, dann wird die Gefahr sehr real, dass sie immer mehr zusammengestrichen und gekürzt und damit schließlich so marginal werden, dass sie auch ihre pädagogische Wirkung einbüßen.

- Nach außen, gegenüber den die Schüler aufnehmenden Institutionen, gibt es keinerlei Möglichkeiten, die Leistungen eines Schülers (und der Schule) im Bereich von Handlungskompetenzen sichtbar zu machen, weil eben im Rahmen von kenntnisorientierten Prüfungen und durch die Vergabe von Notenzeugnissen darüber keine Aussagen möglich sind. Damit fehlt den aufnehmenden Institutionen eine wichtige Orientierungsmöglichkeit bei der Aufnahmeentscheidung, und es wird auf Ersatzkriterien – wie eben die Noten – zurückgegriffen, die aber in vielen, für die aufnehmenden Institutionen wichtigen Handlungsfeldern nichts aussagen bzw. z. T. sogar eher irreführend sind. Damit werden auch die faktischen Leistungen von Schulen auf diesem Gebiet unterschätzt und sind zudem nur schwer praktisch weiterzuentwickeln.

- Hinzu kommt, dass das Beurteilungsmonopol der Lehrer, das mit Noten und Prüfungen verbunden ist, die Verantwortung für die Leistungsbewertung ganz auf die Seite der Lehrerschaft verlagert, mit der Folge, dass die Mitwirkung an der – und auch eine Mitverantwortung für die – Qualität des Bildungsprozesses auf Seiten der Schülerinnen und Schüler und deren Eltern unterentwickelt ist.

Diese Probleme zeigen, dass es dringend und notwendig ist, angemessene Formen und Instrumente zu entwickeln, die im Rahmen von Schule den Erwerb von sozialen und personalen Kompetenzen sichtbar machen und nachweisen:

1. damit die Schüler selbst ihr Lernverständnis erweitern, aktiv (Mit-) Verantwortung gerade für die persönlichkeitsbildende Seite ihres Bildungs-prozesses übernehmen, sich selbst und ihre Fähigkeiten besser und realis-tischer einschätzen können (z. B. auch im Hinblick auf Fragen der Berufs-wahl) und damit *lernkompetent* werden;

2. damit alle am Prozess Schule Beteiligten die Aufgabe der Förderung von Handlungskompetenzen verstehen, ernst nehmen, überprüfen und damit aktiv weiterentwickeln können, so dass das Thema Persönlichkeitsbildung bzw. Entwicklung von Handlungskompetenzen innerhalb der Schule an Bedeutung zunehmen kann;

3. damit die Institutionen, die Schüler aufnehmen, besser beurteilen können, was diese können, und zwar auf für diese Institutionen wirklich relevanten Gebieten.

Im Rahmen des vorliegenden Projekts werden praktikable Formen entwickelt und erprobt, wie die Handlungskompetenzen von Schülern verschiedener Schularten und -stufen, die diese während ihrer Schulzeit (aber nicht unbedingt nur in der Schule) erworben haben, sichtbar und anerkennbar gemacht werden können.

2. Ansatz und Ziel des Projekts

Die beantragenden Schulen haben sich bereits im Vorfeld des Antrags so umfänglich, wie es ihnen angesichts der begrenzten Ressourcen möglich war, über aktuell diskutierte Möglichkeiten zum Sichtbarmachen erworbener Kompetenzen informiert, wie sie in verschiedenen Schulen in Deutschland, im europäischen Ausland und in den USA, insbesondere auch innerhalb der europäischen Berufsbildung (vgl. CEDEFOP), diskutiert werden. Dabei stießen sie auf den Erfolg versprechenden Ansatz der Portfolio-Methode. Das ist eine Methode, bei der die Schüler selbst für sie relevante Ereignisse, Erfahrungen, Themen ihrer – schulischen wie privaten – Lernbiographie dokumentieren und unter dem Gesichtspunkt ihres Lernens – was habe ich dabei gelernt, was waren wichtige Lernerfahrungen, welche Stärken/Fähigkeiten haben sich daran eigentlich erwiesen – auswerten. Die Lehrer unterstützen diesen Prozess, kommentieren ihn aus ihrer Sicht und kommen darüber mit den Schülern ins Gespräch. So bildet sich ein Bewusstsein der eigenen Fähigkeiten, aber u. U. auch neuer Lernbedarf. Am Ende entsteht ein belegtes Bild der Kompetenzen dieses Schülers, dessen sachgemäßes Zustandekommen der Lehrer bestätigt. Diese Methode scheint vor allem dafür geeignet zu sein, Lernprozesse zu dokumentieren und in ihrem Ergebnis sichtbar zu machen, die über die Aufnahme von Wissen hinausgehen und eben handlungsbezogenes Lernen zum Gegenstand haben, wie etwa Praktika, der gesamte künstlerische Unterricht, Jahres- und Facharbeiten, Theateraufführungen, handwerkliche Betätigungen, Sport, Freizeitaktivitäten usw.

Kompetenz-Portfolios sind also ein Ansatz zur Beschreibung und Dokumentation von Fähigkeiten der Schülerinnen und Schüler. Dabei wird ein konkret umrissener Bildungsabschnitt in Planung, Inhalt, Durchführung und Ergebnis von den Beteiligten gemeinsam projektiert, beschrieben und beurteilt. Portfolios bieten damit einen Weg „vom Erlebnis bis zur Kompetenz und ihrem Nachweis". Außerdem können von dieser Methode noch zwei weitere wesentliche pädagogische Vorteile erwartet werden, die sie möglicherweise zu einem hochwirksamen Instrument zur Förderung selbstständiger Handlungsfähigkeit in der Schule machen kann:

> Sie überwindet das Beurteilungsmonopol des Lehrers, und

> sie beansprucht selbstständige Aktivität und persönliches Engagement der Schüler.

Dies führt zur Erwartung der Antragsteller, mit dieser Methode die Motivation der Schüler für Schule und insbesondere für ihre „persönlich-keitsbildenden" Themen und Inhalte, aber auch ihr Engagement und ihre Mitverantwortung für den eigenen Bildungsprozess deutlich steigern zu können.

Im Hinblick auf die Schule selbst wird erwartet, dass mit Einsatz der Portfolio-Methode das Gewicht und die Anerkennung der Handlungs-kompetenzen fördernden Aktivitäten zunehmen und diese gezielter und bewusster weiterentwickelt werden.

Im Hinblick auf die übernehmenden Institutionen schließlich wird erwartet, dass diese sich bei der Bewerberauswahl besser orientieren können, den geeigneten Bewerbern bessere Chancen geben und damit Fehlentscheidungen von beiden Seiten abnehmen.

Ziel des Projekts ist es, konkrete und zeitnah umsetzbare Möglichkeiten auf der Basis von Kompetenzportfolios als Mittel des Kompetenz-nachweises für handlungsbezogenes schulisches Lernen nutzbar zu machen. Die in der Praxis vorliegenden Erfahrungen und Formen sollen in den teilnehmenden Schulen so weiterentwickelt und erprobt werden, dass praktikable Instrumente für Kompetenznachweise entstehen, deren Wirkungen und Nutzen in diesen Schulen empirisch überprüft werden können. Anhand der Ergebnisse dieses wissenschaftlichen Projekts sollen dann exemplarisch mögliche Wege für eine neue Prüfungskultur aufgezeigt und diskutiert werden. Das Projekt hat somit 3 Teile:

1. Entwicklung und praktische Erprobung des Instruments Kompetenz-portfolio in den teilnehmenden Schulen,

2. systematische wissenschaftliche Evaluation des Instruments und seines Einsatzes anhand der genannten Erwartungen und Erfolgskriterien,
3. Verbreitung der aufgrund der Evaluation ggf. modifizierten Instrumente und Überführung der Ergebnisse in die schulpolitische Diskussion.

Rede zur Eröffnung der ersten internationalen Tagung zur Portfolioarbeit in Obermarchtal[43]

Liebe Anwesende, zu unserer Tagung „Arbeit mit Portfolio – Übergänge mit Portfolio" darf ich Sie herzlich willkommen heißen. Nachdem Sie in einer 'Erinnerungsreise' zu Erfahrungen zurückgeführt wurden, die Sie alle irgendwann und irgendwo einmal mit einer Prüfungssituation gemacht haben, möchte auch ich in meinen einleitenden Worten zunächst an eine solche Erinnerung anknüpfen. Sie stammt aus meiner gymnasialen Vorzeit, meiner grauen gymnasialen Vorzeit ...

Ein Tag mit Klassenarbeit? Für uns kein gewöhnlicher Tag! Wir Gymnasiasten der Tertia, Sekunda oder Prima bemerkten den Unterschied schon zu Hause am Frühstückstisch. Ob wir sie schrieben oder zurückerhielten, so wie die von uns erbrachten Leistungen durch die Zensur gingen wir durch Gefühle in der Magengegend, die diesen Tag vor anderen auszeichneten. Insbesondere unser Französischlehrer liebte das Ritual. Hatte er erst einmal – Stellvertreter der hierarchischen Ordnung, als der sich fühlte – die Unterlagen 'schriftunter' verteilt, und uns sie zu wenden auf sein Zeichen hin veranlasst, bezog er Kontrollposten hinter dem Pulte, ließ seine Blicke nicht ohne Genugtuung über die eifrige, ihm zu Gebote stehende Menge schweifen und sich endlich, während unsere 'Federn' schon aufgeregt übers Papier kratzten, mit dem längst erwarteten Satz vernehmen: „Chacun pour soi et dieu pour tous." (Jeder für sich und Gott für uns alle!)

Wir waren anderer Meinung. Zwischen dem isolierten Einzelwillen und dem für das Wohl aller zuständigen Gott schien uns etwas zu fehlen und

---

[43] Die folgende Rede wurde auf der Tagung „Arbeit mit Portfolio – Übergänge mit Portfolio" gehalten, die vom 2.-4. Mai 2003 in Obermarchtal stattfand. Die Tagung bildete die zweite Veranstaltung im Rahmen der Initiative „Tage einer neuen Prüfungskultur", einer Kooperation zwischen dem Oberstufenkolleg Bielefeld und der perpetuum novile gemeinnützige Schulprojektgesellschaft.

wir glaubten es in einem Motto gefunden zu haben, das wir, obwohl historisch, für entschieden innovativ erachteten: „Einer für alle, alle für einen." Doch wie es geht: Alles Zukünftige muss im Verborgenen reifen. Gelegentliche Entdeckungen unserer Form der Zusammenarbeit, mit dem Entzug der Arbeitsunterlagen sanktioniert, bestätigten unsere schlimmsten Befürchtungen. – Und veranlassten uns, die neue Arbeitsweise nur um so sorgfältiger vor den Hütern der alten Ordnung zu verbergen ...

Übrigens hat die hier zitierte Vergangenheit für mich vor kurzem erneut Aktualität gewonnen. Im dreißigsten Jahr des einst absolvierten Abiturs! Ein ehemaliger Mitschüler rief mich an und lud mich zum längst überfälligen Klassentreffen ein. Unweigerlich kamen wir dabei auf gemeinsam durchgestandene Ängste zu sprechen: die schriftlichen Abi-Arbeiten, die Matheklausur. Die Unterrichtsstunden bei dem Lehrer besagten Faches waren – nach der 'Arbeit der Arbeiten' – unheilschwanger. Soviel wohl war in meinem Gedächtnis haften geblieben. Was ich damals nicht mitbekommen hatte – und worüber mich mein Klassenkamerad jetzt aufklärte – war die Tatsache, dass die düsteren Wolken sich nicht, wie ich einst unwillkürlich (und nicht grundlos) annahm, über meinem Haupte, sondern über dem eines Mitschülers zusammengezogen hatten: Alfred Albach. Er war unserem Motto treu ergeben und hatte sich ausgerechnet von meinem Gesprächspartner auf einem Spickzettel mit allen zum Ausgleich der eigenen Unkenntnis notwendigen Informationen bedienen lassen. Nur dass der bereits erwähnte Französischlehrer in eben jener Klausur sein strenges Regiment führte. Und Alfred ertappte: *in flagranti,* und ihn seiner Arbeitsunterlagen vorzeitig beraubte. Alfred musste sich um 'Sein oder Nichtsein' vor dem Direktor verantworten. Der legte ihm den Spickzettel vor. „Wer hat das geschrieben?", eröffnete er das Verhör. „Ich", entfuhr es Alfred unwillkürlich. „Das ist nicht Ihre Schrift", erwiderte der Staatsbeauftragte im Namen der Prüfungsordnung knapp. „Doch", konterte Alfred, „ich schreibe manchmal so." Gut! – Es ist anzunehmen, dass hier eine Pause entstand, die Alfreds Gegenüber dazu nutzte, um hinter seinem Schreibtisch hervorzukommen und dabei auf eine für alle Beteiligten sinnvolle Androhung zu verfallen: „Wenn Sie das noch einmal machen, Alfred, dann ... passiert was!" Und Alfred: „Ich werde es nie wieder tun!" – Er hat seinen heiligen Schwur gehalten bis zum heutigen Tag. Nie wieder hat er jenes einst für so innovativ erachtete Motto in einer Abi-Mathe-klausur anzuwenden versucht.

So weit das, was sich mir nachhaltig ins Gedächtnis eingeprägt und dort – unter meiner Mitwirkung – anekdotisch ausgebildet hat. Welche Merkmale dieser Form der Prüfung lassen sich unmittelbar aus der inneren Anschauung ablesen? Offensichtlich die Künstlichkeit der ganzen Situation, der ritualisierte, festen Regeln unterworfene Ablauf, der unserem Lehrer so offensichtlich Genugtuung bereitete, wie wir ihm widerwillig Folge zu leisten hatten; die gleichen Inhalte für alle, die strengen zeitlichen Bedingungen, unter die wir zum Zwecke ihrer Be-wältigung gestellt wurden. Auffällig insbesondere der Ausschluss jed-weder Hilfsmittel, ihre Diskriminierung, die uns zur Täuschung und unser Gegenüber zur Ausübung um so strengerer Kontrollen veranlasste. Nicht zu vergessen die Angst, die sich uns als Objekten dieser Art von Bil-dungsbemühungen tiefer eingeprägt hat als die Inhalte es je vermocht hätten, und die Schlupflöcher, die innerhalb des ehern erscheinenden Gefüges überraschende Lösungen eröffneten.

Nicht ablesen lässt sich aus der beschriebenen Situation der Zusammen-hang, in dem jede einzelne dieser Maßnahmen stand, der Zweck, dem die gesamte Unternehmung schlussendlich diente: dem Erwerb der Hochschul-Zugangsberechtigung. Das schien uns damals nur natürlich. Wofür sonst sollte das Abitur gut sein, wenn nicht dafür, einmal studieren zu dürfen? Hätten wir sie je gestellt, die Frage hätte für uns nie einen anderen als rhetorischen Charakter gehabt.

Und doch ist die Symbiose von Prüfung und Berechtigung nicht zwin-gend. Das Abitur kam in den ersten Jahrzehnten seines Bestehens noch ohne sie aus. Anfänglich scheute sich der Staat, in das natürliche Recht der Väter auf Erziehung ihrer Söhne einzugreifen, und wer aus wohlha-bendem Hause stammte, konnte auch ohne das Examen bestanden zu haben, Aufnahme an der Universität finden. Erst im Jahre 1834 dekretierte die Obrigkeit den Weg über das Abitur als den einzig rechtmäßigen zum Erwerb besagten Privilegs.

Dieser bis heute mit der Prüfung verbundene staatlich hoheitliche Akt, die Entscheidung über die Erteilung oder Verweigerung einer Berechti-gung, hat Konsequenzen, die vom Ende her rückwirkend den Gang durch die Bildungsstätte entscheidend prägen. Die wichtigsten sind: Die zu erfüllenden Anforderungen müssen genau definiert werden. Damit wird – von Seiten des Staates, sozusagen a priori – festgelegt, was als Bildung zu gelten hat und, entscheidender noch, was nicht.[44] Ein Recht fordert, seinem Wesen nach, dass es gemäß dem Gleichheitsgrundsatz zur Anwendung kommt. Es will in seinem Geltungsbereich allgemeinverbindlich sein. Das impliziert weitere Folgerichtigkeiten, die alle in dieselbe falsche Richtung weisen: Gleiche Bedingungen für die an der Leistungserbringung Beteiligten (die Fixierung des Zeitrahmens, der Ausschluss der Mittel). Die Bestimmungen greifen über auf die Inhalte (eine Aufgabe, möglichst zentral für alle), von dort aus auf die Lehr- und Stoffverteilungspläne (geprüft wird, was gelehrt wurde) und die Methoden (Reduktion auf die einseitig das Unterrichtsgeschehen prägende Lehrerdominanz). Nicht zu vergessen die Leistungsbewertung, auf die schlussendlich alles ankommt (die Ergebnisse müssen einer objektiven Erfassung zugänglich, also quantifizierbar sein, die Beurteilungsverfahren formalisierbar und anonym). So perfektionieren Schüler einseitig ihr Kurzzeitgedächtnis und Lehrer degenerieren zu „Korrekturmaschinen". Bleibt nach geglückter Herstellung der Chancengleichheit bei der Leistungserbringung, der Gerechtigkeit bei der Bewertung noch ein weiteres in der Reihe dieser Prinzipien: Die Vergleichbarkeit, möglichst im internationalen Rahmen. Auch wenn jeder Lehrer weiß, dass die Eins in seinem Klassenzimmer nicht das tut, was man von ihr erhofft, nämlich der von nebenan zu gleichen.

Aus der fortgesetzten Anwendung desselben Prinzips ist so aus der in der Präambel des Bildungsplans als Förderungsstätte konzipierten Schule in der Realität längst die Forderungsanstalt geworden, die Heerscharen von Schülern tagtäglich wie „Landsknechte einer geschlagenen Armee" verlassen und am nächsten Tag in unveränderter Verfassung wieder betreten.

Im 18. Jahrhundert in Preußen aus dem Wunsch entstanden, gut vorbereitete Studenten aus der Schule hervorgehen zu lassen, wurde das Berechtigungswesen im 19. Jahrhundert vom absolutistischen Militärstaat

---

[44] heute als Kluft zwischen formal erworbenen Abschlüssen und informell erworbenen Fähigkeiten in der Diskussion.

in vollem Umfang etabliert. Es hat so unterschiedliche Staatsformen wie das Kaiserreich und die Weimarer Republik, schließlich das Hitlerregime unbeschadet überdauert, um anschließend und offenkundig problemlos dem Selbstverständnis der modernen Demokratie zu entsprechen.

Zur Ehrenrettung der Weimarer Republik sei eingefügt, dass in den zwanziger Jahren des vergangenen Jahrhunderts in Deutschland die bislang wohl größten Anstrengungen unternommen wurden, die Gebrechen des Systems zu überwinden. Um die Zufälligkeiten punktueller Leistungsprüfung auszuschalten und die Möglichkeit geistiger Selbstständigkeit unter Beweis stellen zu können, führte man 1926 die so genannte „Jahresarbeit" ein. Ein seinerzeit für die Reform Verantwortlicher blickt mit spürbarer Genugtuung auf den erreichten Wandel:

> „Nicht mehr wird extensiv das Stoffwissen geprüft, sondern intensiv die geistige Leistungsfähigkeit festgestellt. Gefallen ist die Uniformierung, die ohne Rücksicht auf die Anlagen des Prüflings gleichmäßig 'positives Wissen' in sechs bis sieben Fächern verlangte. Beseitigt ist das inquisitorische Suchen nach Lücken und Schwächen, das Prüfen der Fächer, in denen eine Fehlleistung wahrscheinlich erschien, aufgehoben das ganze Prüfungsverfahren mit seiner 'kulturlosen Flachheit', das dem Schüler zur Qual, der Kommission zur Langeweile, dem Schulrat zum Anlass hoffnungsloser Melancholie gereichte."[45]

Doch zu früh gefreut! Ein anderer als der hier beschriebene Geist sollte einziehen und Triumphe feiern!

Bis in unsere Tage glaubt man, der Gleichheit und Freiheit Genüge zu tun, wenn vor dem 'Hundertmetersprint' alle auf derselben Startlinie stehen, im Vorfeld dasselbe Trainingsprogramm absolviert und damit dieselben Chancen haben, um ihre Individualität anschließend darin zu erschöpfen, schneller oder langsamer das Ziel zu passieren (und mit einer 5,0 disqualifiziert zu werden).[46] Was aber, wenn man das nicht glaubt? Wenn man die Gleichheit ihrer historisch längst überfälligen Diät unterziehen und ihr Übergewicht zugunsten eines Ausgleichs zur Freiheit reduzieren will? Welche Perspek-

---

[45] Wilhelm Rauthe, *Das Abitur – eine Notwendigkeit?*, Stuttgart 1960, S. 21.

[46] Vgl. Josef Kraus, *Spaßpädagogik - Sackgassen deutscher Schulpolitik*, Tübingen 1998, S. 209.

tiven bietet vor diesem Hintergrund eine zweifelsfrei im Zeichen der Individualrechte stehende Lernkultur wie die „Arbeit mit Portfolio"?

Ich komme zu meiner eigentlichen Aufgabe, der Erkundung der gesellschaftspolitischen Perspektiven der Portfolioarbeit. Sie haben es sicher bemerkt: Ich habe mir den Blick bereits durch einige Hindernisse verstellt. Kommt hinzu, dass Dr. Felix Winter und ich schon in der Vorbereitung *dieser* Tagung einige historische Bedeutung beigemessen haben. Wenn, wie es heute der Fall ist, Praxisforscher der Portfolioarbeit aus Deutschland, Österreich und der Schweiz zu einem erstmaligen Austausch zusammenkommen, müssten – darin stimmten wir überein – die Perspektiven eine angemessene „Größe" haben. Was lag also näher, als den Blick von höherer Warte aus, unverstellt in die Zukunft der Bildungslandschaft schweifen zu lassen, einmal unabhängig von allen Hindernissen, die sich beim Näherkommen noch früh und deutlich genug abzeichnen werden. Aber gerade das habe ich mir – wie gesagt – bereits verbaut. Ich habe mit den Hindernissen begonnen. Mit einem Szenario, von dem eines mit Sicherheit zu erwarten ist: Anpassungsdruck. Dass ich damit beginne, hat einen einfachen Grund. Ich werde versuchen, gerade durch die Auseinandersetzung mit den maßgeblich zu erwartenden Schwierigkeiten eine Perspektive für die Portfolioarbeit zu gewinnen, vielleicht eine größere.

Schon Herr Professor Bräuer, der heute hier anwesend ist, hat im letzten Jahr in einem Beitrag vor der „Korruption einer schönen Idee im Zuge ihrer Institutionalisierung" gewarnt. Mögen Lehrende auf eigene Faust mit Lerntagebuch und Portfolio experimentieren, was aber, wenn sie damit unversehens in den Sog quantifizierender Formen der Leistungsmessung geraten, weil die KollegInnen in den Klassenräumen nebenan mit ihren SchülerInnen „Formblätter bearbeiten, Lückentexte ausfüllen und den Tag mit einem Test abschließen, durch dessen Auswertung sie erfahren werden, dass sie den Stoff momentan zu 87,5% beherrschen."[47]

Herr Dr. Häcker, ebenfalls anwesend in unserem illustren Kreise, hat im letzten Jahr eine mehrwöchige Reise in die USA eigens zum Zwecke der

---

[47] Gerd Bräuer, „Experimentieren mit einer Methode und Arbeiten am Text: Reformen durch Portfolios?", in: *ide, zeitschrift für den deutschunterricht in wissenschaft und schule*, Heft 1/02, S. 31.

näheren Einsicht in den Stand der Portfolioarbeit in Schule und LehrerInnenbildung unternommen. Nach Rücksprache mit ihm möchte ich hier aus seinem noch unveröffentlichten Bericht eine Passage herausgreifen, die mir – nach dem, was ich darin erfahren konnte – symptomatisch für die Situation in den USA zu sein scheint. Am Mount St. Mary's College in Emmitsburg (Maryland) war es bislang möglich, den Studiengang zum „Master of Education" in Form einer Portfolioprüfung abzuschließen. Aus insgesamt 10 Kompetenzbereichen (so genannten Dimensionen), die alle im Zusammenhang mit der Planung, Durchführung und Evaluation des Unterrichts standen, wählte der Lehramtsstudent vier aus: Materialien, einzelne Exponate, anhand derer er bei der Präsentationsprüfung seinen eigenen Lernfortschritt dokumentieren und aufzeigen konnte. Nur dass sich – in den zurückliegenden Jahren zunehmend – die Portfolios, und mit ihnen die Präsentationen, einander angeglichen haben. Man spricht von einem „Anähnelungseffekt", der so weit reichte, wie man das in dem sprichwörtlichen Vergleich von zwei Eiern sagt. Warum, fragt man sich unwillkürlich, gerät, was einst unter der Zielsetzung antrat – ich gebrauche den schönen englischen Ausdruck – *to celebrate diversity*, so beinahe selbstverständlich in den Sog der Anpassung, ja Uniformierung? Eine erste Antwort fällt leichter als erwartet. Man hat in der Praxis sehr früh, sehr genau festgelegt, was in einem Portfolio zu sein und – vor allem – wie es zu sein hat, um positiv bewertet zu werden. Mit einem Wort, man hat standardisiert, also den Geist, den man rief, noch bevor er hätte in Erscheinung treten können, unschädlich gemacht. Entschieden weniger metaphorisch drückt das einer von Herrn Häckers Gesprächspartnern, der Dekan der Erziehungswissenschaftlichen Fakultät des erwähnten Colleges, Christopher Blake, aus: „Portfolios, von denen man sich eine grundlegende Veränderung der Beurteilungsverfahren versprochen hatte, hatten die alten Verfahrensweisen nicht abgelöst, sondern letztlich nur noch verstärkt. Hier", so lacht Christopher, mich an Theodor Adorno und Max Horkheimer erinnernd, „schlägt Aufklärung in Gegenaufklärung um. Was als Instrument zur Veränderung des Systems gedacht war, ist zu einem systemstabilisierenden Element geworden."[48] Wie es die Ironie der Geschichte will, wird ausgerechnet

---

[48] Thomas Häcker, *Bericht über eine USA-Reise, Portfolioarbeit in der Schule und LehrerInnenbildung*, unveröffentlichtes Manuskript, S. 6-11.

an jenem Tag, an dem Herr Häcker das College besucht, auf einer Fa-
kultätssitzung die Portfolioprüfung im Studiengang „Master of Education" abgeschafft, per einstimmigem Beschluss und, wie Herr Häcker
anschließend bei seinen Gesprächspartnern erstaunt feststellt, ohne eine
Spur des Bedauerns ...

Man hat also Standards nicht aus der Entwicklung der Portfolioarbeit
selbst abgeleitet, sondern sie der Entwicklung übergestülpt. Man hat das
für die Portfolioarbeit in vielfacher Hinsicht wesentliche Prinzip des
Prozessualen erfolgreich auszuschließen gewusst. Das daraus resul-
tierende Übergewicht der Gleichheit, sprich Uniformierung, ist zwangsläufig. Wenn aber die zugrunde liegenden Ideen der Freiheit und
Gleichheit so nicht in ein dynamisches, für beide Teile förderliches Verhältnis kommen können, wie dann? Wie kann man verhindern, dass das
Neue, noch bevor es seine Vorzüge entfalten kann, von der Schwere des
Systems erfasst und erdrückt wird?

Dazu müssen wir den bislang unbeachteten zweiten Teil unseres Ta-
gungstitels ins Auge fassen: die „Übergänge mit Portfolio". Dort, wo
man seit Jahren, zumindest von Deutschland weiß ich das, miteinander
ins Gespräch zu kommen bemüht ist, zwischen Schule und Wirtschaft,
könnte man mittels Portfolio beginnen, Brücken zu bauen, im Übergang
zwischen schulischer und beruflicher Ausbildung. Die Voraussetzungen
für ein gegenseitiges Verständnis sind nicht schlecht. Auf einen hier
notwendig verkürzt vorgebrachten Nenner können sich beide Seiten
meiner Erfahrung nach einigen, ohne ihre Unterschiede leugnen zu
müssen: Persönlichkeitsentwicklung, Schlüsselqualifikationen, ganzheit-
liche Kompetenzen – unter welcher Bezeichnung auch immer von
wirtschaftlicher Seite gefordert wird, was in den Bildungsplänen schon
lange steht – werden durch Klausuren nicht gefördert. Im Gegenteil: Die
einseitige Form der Leistungsfeststellung wirkt auf die Entwicklung der
gewünschten Fähigkeiten kontraproduktiv. Überspitzt formuliert, verlernt
man dadurch in der Schule, wonach später 'alle Welt' verlangt. Niemand
wird behaupten können, dass wir Pennäler damals in einer Klausur des
beschriebenen Zuschnitts teamfähig gemacht worden wären und auch
wir hätten unser „Einer für alle, alle für einen" wohl, wenn wir es hätten
reflektieren müssen, als eine bloße Facette des offiziell erlaubten
Egoismus erkannt. Ich bin überzeugt, dass gerade hier, wo maßgebliche

Gründe für die vielbeklagte Kluft zwischen den beiden Ausbildungsbereichen zu finden sind, eine Kooperation über alles Trennende hinweg entstehen kann. Von schulischer Seite aus hieße das, der Wirtschaft dort entgegen zu kommen, wo sie Persönlichkeitsbildung einfordert und damit das eigentlich pädagogische Anliegen unterstützt.

Wie könnte das aussehen? Ich will es zunächst durch eine programmatische Aussage verdeutlichen, die zwar schon 18 Jahren alt ist, in der Zwischenzeit jedoch an Aktualität nur gewonnen hat. Ein Vortragsredner eines seinerzeit in Stuttgart stattfindenden Symposions über „Das Abitur, eine Notwendigkeit?" äußerte sich über den Übergang zwischen schulischer und weiterführender Ausbildung wie folgt:

> „Man muss sich an dieser Stelle klar machen, dass das Urteil über ein 'Produkt', über eine Leistung nicht dem zusteht, der diese Leistung herstellt, sondern dem Abnehmer. Produkte, in unserem Falle also die Schüler, entschuldigen Sie das herzlose Wort, werden nicht von der Schule beurteilt, sondern vom Leben. Non scholae ... Dadurch, dass die Schulen bisher relativ geschlossene Systeme sind, die sich ihre Leistungen selbst bescheinigen, fehlt gerade das in der Gesellschaft, was institutionalisiert sein muss: die Abnahmekontrolle einer Leistung. Nicht durch die Kultusbehörden, nicht durch die Oberschulämter, nicht durch die Schulen dürfen die schulischen Leistungen beurteilt werden, sondern durch Instanzen, die mit diesen Leistungen nachher umzugehen haben. Das darf nicht dem Selbstlob der Hersteller überlassen bleiben. Dies sind jedoch die Handwerker, die Industrie und anschließende Institutionen wie weiterführende Fachschulen und Hochschulen."

Und an anderer Stelle, aber als Schlussfolgerung der bereits zitierten zu verstehen:

> „Dann hat das System Schule, was ihm fehlt: eine Chance, vom Leben zu lernen. Diese Chance ist die wichtigste soziale Einrichtung, die man installieren muss."[49]

---

49 Christof Lindenberg, „Leistung, Leistungskontrolle und Berechtigungswesen", in: *Fragen der Freiheit*, November/Dezember 1985, S. 47/55.

Die Zitate stammen übrigens aus dem Munde des damaligen Vertreters der Waldorfschulen. Ihr Tenor ist so einfach wie abenteuerlich. Die zugespitzte Formulierung könnte ja zunächst die Vorstellung gerade der Unvereinbarkeiten zwischen Schule und Wirtschaft provozieren, trifft aber doch ganz entschieden die Nahtstelle notwendig zu entdeckender Gemeinsamkeiten. Also mute ich Sie Ihnen noch einmal zu: Die Hersteller der Leistung (sprich Lehrer) sollen die Schule (das geschlossene System), wenn die Produkte (sprich Schüler) sie verlassen, um nicht dem Selbstlob der Hersteller (sprich Lehrer) zu verfallen, auf das Urteil der Abnehmer hin (sprich Handwerker, Industrie, Schule und Hochschule) öffnen, um der Lernfähigkeit des Systems (also der Schule und mehr noch ihrer Bürokratie) willen. Ist so etwas schon mal gemacht worden? Hat sich das in einer an Neuigkeiten nicht armen Zeit bereits einmal ereignet, in einer Waldorfschule oder einer Staatsschule?

Einige Vorarbeit dazu ist in jedem Falle bereits geleistet worden. Professor Rupert Vierlinger, der leider in diesem Jahr in unserer Runde nicht anwesend sein kann, nimmt auf sie in seinem grundlegenden Werk über die „Direkte Leistungsvorlage" Bezug. Im Jahre 1990 wurden in einer breit angelegten Umfrage Verantwortlichen für die Einstellung von Lehrlingen aus insgesamt 90 sehr unterschiedlichen Ausbildungsbetrieben Niederbayerns (vom einfachen Handwerksbetrieb bis zum großen BMW-Werk) Portfolios vorgelegt, eigentlich, dem damaligen Stand der Entwicklung entsprechend, nur Lose-Blatt-Sammlungen: ausgewählte, von Lehrerseite kommentierte Klassenarbeiten. Also nicht das, was wir in einer entwickelteren Form heute als Portfolio bezeichnen würden. Dennoch stieß das seinerzeit auf eine geradezu überwältigende Akzeptanz. Durchgängiger Tenor der Rückmeldungen von wirtschaftlicher Seite: Zeugnissen müsse man glauben, mit der Vorlage der Leistung selbst könne man sich selbst ein Urteil bilden.[50]

Eben hier müsste man anknüpfen. Die Ausgangsfrage lautete: Wie könnte ein Portfolio aus der Schulzeit aussehen, damit es für den Abnehmer aus der Wirtschaft, für die spätere Bewerbung selbst hilfreich wäre. Na-

---

[50] Rupert Vierlinger, *Leistung spricht für sich selbst*, Heinsberg 1999, S. 16-19.

turgemäß könnte diese Frage nicht erst nach erfolgtem Abschluss der Schulzeit gestellt werden. Eine wirksamere Antwort könnte man erhalten, wenn man sie vorzöge, an einen Zeitpunkt, der in der schulischen Ausbildung selbst läge. Sie würde so den Abnehmer ein Stück weit mit hineinnehmen in den schulischen Bildungsgang um den Gewinn eines Blickes in die berufliche Ausbildung willen, den der Produzent riskieren könnte. Ich spreche also von einer Brücke, an der beide Seiten arbeiten und auf der letztlich der Schüler zu stehen kommt – und geht. Im Gegensatz zur Abschlussprüfung würde ihm dort eröffnet, was ihm bislang meist völlig verloren geht: ein Stück Lebens- und Berufsorientierung.

Also statt der Abschluss- eine Aufschlussprüfung! Der 'Personalleiter' nimmt an der neu kreierten Form teil. Damit kommt es in Zukunft zu einer Überschneidung, einem Zusammentreffen der neuen Art, das die bisherige Prüfung ihres hermetischen Charakters beraubt zugunsten einer Entwicklung intelligenter Teilnahmeformen der Öffentlichkeit, mit jedem das Lehrerurteil erweiternden, respektive kontrastierenden Urteil des 'Gastes'. Damit haben wir auch die soziale Einrichtung geschaffen, bei der nicht nur der Schüler, sondern die beteiligten Systeme selbst (vertreten durch Lehrer und Personalleiter) etwas zu lernen haben. Einfach und abenteuerlich!

Aber vielleicht doch vorschnell und unreflektiert? Eine Zumutung, so ein Wunschbild im Indikativ daher kommen zu lassen. Vierlinger selbst weiß in dem bereits zitierten Werk um den abenteuerlichen Charakter seiner Ideen und spart nicht mit Einwänden. So zitiert er einen Standesvertreter der Lehrerzunft und lässt mit ihm das ganze Schwergewicht des Systems zu Wort kommen: „Lehrer verfügen über die sachliche und pädagogische Kompetenz zur Leistungsbeurteilung. Wie soll sich ein Lehrherr, ein Personalleiter mit anderer Kompetenz zumuten, schulische Leistung zu beurteilen?"[51] Also doch! Besser getrennt! Jeder beurteilt das, was er produziert, der Lehrer den Schüler, der Lehrherr den Lehrling. Alles andere provoziert Durcheinander, die institutionalisierte Konfusion, die Entprofessionalisierung des Lehrerberufs! Schuster, bleib bei deinem

---

[51] ebenda, S. 17.

Leisten, möchte man sich wechselweise ermahnen. Sprich nicht von Dingen, von denen Du nichts verstehst ...

Den zitierten Einwand sollte man durchaus ernst nehmen. In Zeiten ungebrochener Hochkonjunktur der Meinungsforschung, in denen jeder zu allem etwas zu sagen aufgefordert wird, dabei aber nicht zwangsläufig ein qualifiziertes Urteil entsteht, sollte die schulische Leistungsbewertung nicht in denselben Sog geraten. Tatsächlich aber gibt es zwischen den erwähnten, zunächst getrennten Kompetenzbereichen des Lehrers und Lehrherrn Schnittmengen, die, wenn sie mit der erforder-lichen Sorgfalt kultiviert werden, die Beteiligten nicht in die Konfusion stürzen, sondern qualitätssteigernd wirken und letztlich dem Schüler dienen.

Dr. Felix Winter spricht in seinem neuen Buch über Leistungsbewertung die bereits skizzierte Veränderung des Prüfungsarrangements zugunsten öffentlicher Teilnahmeformen an und hat in dem für uns hier wichtigen Zusammenhang den Ausdruck der „beauftragten Beurteilung" geprägt.[52] Er wird sich als Schlüsselbegriff erweisen.

Doch rekapituliere ich zunächst:

- Die Frage der gesellschaftspolitischen Perspektive der Portfolioarbeit gewinnt vor dem Hintergrund denkbarer, in den USA bereits ablaufender Anpassungsszenarien die nötige Brisanz.

- Der drohenden „Korruption einer schönen Idee" kann man entgegenwirken durch den 'Kurzschluss' mit dem Abnehmer, der Flanke, an der man das System öffnet, statt seinen Mechanismen zu erliegen.

- Die dafür entscheidende soziale Einrichtung nenne ich unter Berufung auf den zitierten Vortrag die „Abnahmekontrolle der schulischen Leistung" und habe ihr in der Skizze eines offenen Prüfungsarrangements erste Umrisse verliehen.

Um einem Missverständnis vorzubeugen: Mit dem erwähnten 'Kurzschluss' zwischen 'Produzent' und 'Abnehmer' ist nicht der Schritt von einem Zwang in den anderen gemeint, dem von der staatlichen Bürokratie

---

[52] Felix Winter, *Leistungsbewertung. Eine neue Lernkultur braucht einen anderen Umgang mit den Schülerleistungen*, Hohengehren 2004.

in die ökonomische Zwangsjacke. Es ist ein zukünftiger Ort von historischer Bedeutung, der Ort eines unter den Verantwortlichen ausgehandelten Rechtes, an dem Gleichheit und Freiheit, statt sich gegenseitig zu paralysieren, das tun, was ihnen bislang durch das menschliche Missverstehen nicht gelungen ist: sich gegenseitig fördern.

Die hier anvisierte Veränderung, mit Sicherheit eine komplexere Aufgabe, als sie im Rahmen meines Vortrages erörtert werden kann, möchte ich abschließend unter einem einzigen, wie ich glaube, für die weitere Entwicklung entscheidenden Gesichtspunkt näher betrachten: der erwähnten „beauftragten Beurteilung". Lassen Sie mich dabei, was zukünftig ist, noch einmal historisch herleiten ...

Die Anekdote, die ich Ihnen abschließend erzählen möchte, stammt von einem römischen Schriftsteller, Plinius, dem Älteren. Sie führt zurück in die griechische Geschichte und, wenn mein Sprichwörterlexikon mich nicht trügt, an den Ursprung jener bereits erwähnten Aufforderung an die Schusterzunft, doch gefälligst bei ihrem Leisten zu bleiben. Die Sache war nämlich so: Apelles, einst Hofmaler Alexanders des Großen, hatte nach Fertigstellung einer Serie von Bildern das verständliche Bedürfnis, diese der Öffentlichkeit zugänglich zu machen. Unter den ersten Besuchern seiner Ausstellung befand sich ein Schuster. Der besah sich die Bilder und eines insbesondere schien seine Aufmerksamkeit zu erregen. Er musterte es eingehend und nachdem er glaubte, einige Mängel darin entdeckt zu haben, fühlte er sich bemüßigt, seine Kritik zu äußern, ausgerechnet in dem Augenblick, in dem Apelles ihm über die Schulter schaute. Die Sandalen, ging der Schuster ohne Umschweife auf die Leistungsbewertung zu, seien falsch dargestellt. Dann ließ er seinen allgemeinen Worten eine detaillierte Kritik folgen. Und was, glauben Sie, hat nun Apelles geantwortet? Er, der Künstler! Hat er sich in die Brust geworfen und den Handwerker in die Schranken gewiesen: „Schuster, bleib ...!?" Eben nicht! Apelles nahm die Kritik wortlos entgegen, das Bild von der Wand und ging ... Und jetzt verrate ich Ihnen, was er sich dabei gedacht hat. Er dachte nämlich: Gut! Ich habe den Schuster nicht beauftragt, meine Bilder zu beurteilen. Aber wie es geht im Leben, wird man häufig beurteilt, ohne einen Auftrag dazu erteilt zu haben. Also nehme ich das Urteil an. Im übrigen ist es ja auch so, dass die Kompetenzbereiche zwischen einem Schuster und einem Maler gar nicht so getrennt sind, wie man landläufig glaubt. Jedenfalls habe ich *meine* professionelle Beziehung zur Sandale und der Schuster die *seine*. – Also ging Apelles in Gedanken versunken in sein Atelier und korrigierte die Sandalen an der Stelle, an der die Kritik des Schusters sie getroffen hatte. Wir Nachgeborenen können froh sein, dass Apelles die Worte des Schusters in einem so ungewöhnlichen Grade empathisch aufzunehmen in der Lage war. Denn nur so konnte auch das Folgende geschehen: Apelles kam anderntags mit dem korrigierten Bilde zurück in die Ausstellung und hängte es an seinen angestammten Platz. Der Schuster erwartete ihn bereits und unterzog das Bild seiner fortgesetzten Inspektion. In bester Laune übrigens, hatte seine Kritik doch so prompt, und für ihn selbst überraschend, Wirkung gezeigt. Die Sandalen waren geändert und, wie er sich vergewissern konnte, zu seiner fachmännischen Zufriedenheit. Jetzt aber wurde er übermütig. Er ließ seinen Blick über weitere Teile des Bildes schweifen: über das Gewand, die Gestalt, und blieb an ihrer Physiognomie haften. Offenbar erregte diese sein neuerliches Missfallen. „Hören Sie mal", wandte er sich an Apelles. Weiter kam er nicht! Diesmal hatte sich der Maler tatsächlich vor ihm aufgebaut und schmetterte ihm das uns von Plinius überlieferte Wort entgegen: „Ne sutor supra crepidam!" („Schuster, nicht weiter als die Sandale"!) Womit die Urform jenes sattsam bekannten Sprichwortes entstanden war. Wichtiger aber sind wiederum die seinerzeit von Plinius unbeachtet gebliebenen Gedankengänge des Malers, die ich hier gerne nachtrage. Apelles dachte also: Jetzt reicht's! Das mit der Sandale war gut. Dabei habe ich was gelernt. Aber wenn jetzt der Schuster ungefragt über alles anfängt seine Meinung zu äußern, dann werden wir Griechen am Ende noch für Fehlentwicklungen verantwortlich gemacht, mit denen ich jedenfalls nichts zu tun haben will. Aber dennoch, an der beauftragten Beurteilung halte ich fest. Die ist gut. Und zur Überschneidung der – wie hießen sie gleich – Kompetenzbereiche gehört ja auch die Abgrenzung, die ich eben praktiziert habe. Das erst bildet den Auftrag. Ja natürlich! Warum bin ich da nicht gleich drauf gekommen? Also daraus sollten wir in Zukunft mehr machen.[53]

---

[53] Vgl. hierzu: Lutz Röhrich, *Lexikon der sprichwörtlichen Redensarten*, Band I, Freiburg 1973, S. 595.

Es ist schon frappierend, wie präzise der Hofmaler Alexanders des Großen einst Gedanken zu formulieren wusste, die uns für die Zukunft noch werden wegweisend sein können! Persönlich kann ich seiner Aufforderung nur zustimmen. Wir sollten tatsächlich mehr daraus machen. Wir sollten bereits jetzt, zu einem Zeitpunkt, von dem man redlicherweise sagen muss, dass die „Arbeit mit Portfolio" noch in den Kinderschuhen steckt, den daraus erwachsenden Schritt auf die „Übergänge mit Portfolio" wagen. Das erschiene mir nicht voreilig, nur notwendig vorauseilend. Lohnte es sich denn überhaupt zu beginnen, wenn wir den zu erwartenden Rückschlägen durch das System nicht jetzt bereits mit der Umgehung der Wirkungen sinnvoll begegneten?

Im Klartext! Wie sind die gesellschaftspolitischen Perspektiven für die Arbeit mit Portfolio? Mit Sicherheit ausschließen kann ich die Garantie, wie man sie bis heute „einmal für immer" mit dem Abitur zu erwerben vorgibt. Die wird es nicht geben. Die Entwicklung wird nur im Sinne eines schrittweise reflektierten Forschungsweges (also auf Portfoliobasis) voranzutreiben sein. Und genau auf diesen Weg können Sie sich, liebe Anwesende, mit der Tagung begeben ... So bleibt mir endlich nur noch eines zu wiederholen übrig: Sie alle zu dieser Tagung herzlich willkommen zu heißen!

In die Ausbildung mittels Projekt und Portfolio ...
Ein Pilotversuch der perpetuum novile gGmbH mit der DaimlerChrysler AG

Das Leben ist der Lernort der Schule

Schulen als gesonderte Einrichtungen für das Lernen haben sich in der Vergangenheit hauptsächlich dadurch legitimiert, dass sie auf Anforderungen des „späteren Lebens" verweisen konnten. Unter der Voraussetzung, dass dieses spätere Leben nach vorhersehbaren Prinzipien verlaufen werde, wurde man in der „schola" für das „vita" präpariert. Damit ist es vorbei! Jedenfalls weist das spätere Leben und Arbeiten heute schon derartig verlässliche Strukturen nicht mehr auf. Die Bildungsinstitutionen Deutschlands hat das 'im Schatten des schiefen Turms von PISA' in die nächste Phase ihrer staatlich verwalteten Legitimationskrise gestürzt. Dort verkommen sie zu Verschiebebahnhöfen, auf denen zugunsten leerer Zukunftsversprechungen die individuellen Interessen systematisch ausrangiert werden. Diese Entwicklung aber birgt Chancen! Während sie die Schule ihrer traditionellen Legitimation beraubt, weist sie ihr gleichzeitig eine neue, große Aufgabe zu: Die Fähigkeiten auszubilden, derer es bedarf, um zukünftig Anforderungen auf allen Lebensgebieten meistern zu können. Es sind Fähigkeiten, die man handlungskonstituierende nennen könnte. Statt reales Leben innerhalb ihrer Mauern zu simulieren, könnte Schule sich für das Lernen in realen Arbeitssituationen öffnen. Sie könnte Heranwachsenden dieses Lernen in der Auseinandersetzung mit dem Leben ermöglichen und es begleiten.

Um diese Umstülpung des schulischen Lernens ins Leben zu fördern, wurde 1999 die gemeinnützige Schulprojektgesellschaft perpetuum novile gegründet. Wie es im Gesellschaftsvertrag heißt, um *„das Verständnis junger Menschen für wirtschaftliche Vorgänge und das Verständnis von Unternehmen für die Impulse junger Menschen zu entwickeln."* Es geht um reale Arbeit, die für das Lernen, und um das Lernen, das für die reale Arbeit aufgeschlossen wird.

Ist das alles, was Sie von mir wissen wollen?

Vor allem geht es darum, Ideen umzusetzen, dabei zu erproben und auf dem Wege einer Auswertung der Erfahrungen und weiterer vorausschauender Planung in einen Entwicklungs- und Erneuerungsprozess einzutreten: eben in ein 'perpetuum novile'. Im Folgenden möchte ich nicht mehr als *ein* Beispiel erzählen, ein konkretes immerhin, das auf unserer Initiative beruht und zum Bau einer Brücke führt, auf der Lernen und Arbeiten sich wechselseitig begegnen, durchdringen und in ihren Möglichkeiten steigern. Dazu gehört das Portfolio. Es ist ein wesentliches Mittel, die Einseitigkeit sturer Benotungen aufzubrechen, um einer persönlichkeitsgerechten Entwicklung (und Bewertung) von Fähigkeiten Raum zu geben: Eine Mappe, in der der Lernende zielgerichtet und kontextbezogen seine Bemühungen, Lernschritte und Leistungen darstellt und reflektiert, in unserem konkreten Fall für die Bewerbung um einen Ausbildungsplatz in einem Weltkonzern.

Im Oktober 2003 saß ich mit Gunther Weidner, dem Leiter der Technischen Ausbildung von DaimlerChrysler, in seinem Büro in Mannheim zusammen, über einen randvoll mit Zeugnissen und Bewerbungsschreiben gefüllten Ordner gebeugt. „Sehen Sie, hier zum Beispiel", begann mein Gesprächspartner unseren Dialog, „Durchschnitt 3,4 im Hauptschulabschluss. Und das Bewerbungsschreiben – nichtssagend. Von Beispielen dieser Art ist der Ordner voll. Damit kann ich nichts anfangen. Da kann ich nur absagen." Nach kurzem Innehalten fuhr er nachdenklich fort: „Wenn ich irgend etwas in der Hand hätte, irgend etwas, was mir zeigen würde, was der Bewerber kann, eine versteckte Fähigkeit, ein verborgenes Potential, auf das er mich aufmerksam und das ihn interessant machte, ich würde ihn einladen. So aber muss ich absagen." „Was Sie als Bewerbungsunterlage brauchen, ist ein Portfolio", lautete mein kurzer Einstieg in eine lange Erläuterung einer bahnbrechenden Alternative. „Kenn' ich", antwortete Herr Weidner lakonisch auf meinen mit einiger Verve gehaltenen Kurzvortrag und fügte zu meiner nicht geringen Überraschung hinzu: „Hat mir ein Waldorfschüler schon gezeigt." „Wie bitte?", habe ich gesagt und dabei lief Folgendes vor meinem inneren Auge noch einmal ab: Vor einigen Wochen hatte mich Herr Weisschuh, Leiter des Fachgebietes Ausbildungspolitik von DaimlerChrysler, nach Stuttgart in die Konzernzentrale eingeladen, zusammen mit Teamleiterinnen und -leitern der Ausbildungsabteilungen aller Standorte Baden-Württembergs. Ich durfte erzählen, was perpetuum novile ist und was es – seinem Namen und Wesen gemäß – bislang an Neuem in die Welt gebracht hat. Dann überlegten alle Anwesenden, was der große Weltkonzern und die kleine aufstrebende Neugründung gemeinsam tun könnten. *Brain-storming* nennt man das, wenn alle Ideen haben, ohne dass einer immer sofort widersprechen darf oder, fast noch schlimmer, ein wenig gedehnt „Ja" sagt und damit sein „Aber" einleitet.

Was ich zu hören bekam, gefiel mir. Denn so unterschiedlich Daimler Chrysler und perpetuum novile auch sein mögen, beide haben doch ein Ziel gemeinsam: Sie wollen wachsen. So starteten wir an besagtem Nachmittag unser erstes Joint Venture und ich erhielt die Einladung, mich in allen Werken erst einmal umzusehen. Zunächst kam ich nach Mannheim, dem Stammwerk, dorthin, wo DaimlerChrysler, pardon, Daimler und Benz seinerzeit, ich glaube es war 1926, fusionierten. Der Grund, warum ich gleich hier, am ersten Standort, hängen blieb, war wohl Herr Weidner selbst, der Manager einer Weltfirma, der mir seitdem immer wieder zeigt, was es heißt, sein gegenwärtiges Tun aus der Zukunft zu organisieren und die vergangenen Erfahrungen, statt in ihnen wie in aufschießendem Gestrüpp hängen zu bleiben, zu Aufmerksamkeitspunkten für das eigenen Handeln zu wandeln.

So weit waren wir also gekommen. Mit solchen Menschen durften wir zusammenarbeiten. Ausgerechnet dieser Partner nun sollte mich zu einem vollkommen überraschenden Zeitpunkt und zudem in der denkbar kreativsten Form mit meiner Waldorfvergangenheit konfrontieren!

„Vor drei Jahren", fing er an, „hat sich ein Waldorfschüler bei uns beworben. Das machen sie nicht häufig", er schaute mich, halb fragend, halb forschend an. „Nachdem er den Eingangstest absolviert hatte, stand er von seinem Platz auf, ich erinnere mich noch genau, und sagte: 'Und das ist alles, was Sie von mir wissen wollen?' Dabei wies er etwas resigniert auf die Blätter des eben absolvierten Standardtests. Und ich beeilte mich, ihm zu versichern, dass dem nicht so sei. 'Wenn Sie wollen, können Sie mir gern mehr von sich zeigen.' Nun hatte dieser Waldorfschüler meine Bereitschaft offensichtlich im Voraus bereits für möglich erachtet, jedenfalls ging er in eine Ecke, in der sein Rucksack lag, nahm ihn auf, stellte und legte seinen Inhalt auf den Tisch mit den Worten:

'Jetzt zeige ich Ihnen mal, wer ich wirklich bin.' Und damit begann er seine ausgewählten Werke zu zeigen, tat es im Kontext der Bewerbung mit einem eigenen Ziel, die Ausbildungsstelle zu erhalten. Sprach über ihre Entstehung, seine Schwierigkeiten bei der Arbeit und seine Erfolge. Das ist doch Portfolio, oder?"

„Das ist auch ohne Mappe so sehr Portfolio, dass man den Eindruck haben könnte, der junge Mann habe diese Arbeitsweise erfunden. Wir sollten nun aber doch dafür sorgen, dass in Zukunft nicht jeder mit Rucksack, Koffer oder dem vollen Anhänger zur Bewerbung fahren muss." – „Also eine Mappe!" fährt mein Gesprächspartner fort: „Aber so viel noch zu diesem Bewerber: Wir haben ihn genommen. Im ersten Lehrjahr tat er sich etwas schwer. Wohl weil wir ihm nicht die Verantwortung übertragen hatten, nach der er offensichtlich verlangte. Ab dem zweiten Lehrjahr nahmen wir ihn mit hinein in die Entwicklung verschiedener Ausbildungsgänge. Und ab diesem Zeitpunkt hat er sich blendend entwickelt." Und als wären es noch nicht genug Überraschungen, fügt Herr Weidner noch hinzu: „Gerade vor einer Woche hat er seine Ausbildung mit der Durchschnittsnote 1,5 als zweitbester von 115 Auszubildenden abgeschlossen."

Für einen Augenblick bin ich versucht, meinen lange verlorenen Glauben an Abschluss und Durchschnitt wieder zu gewinnen. Doch dann besinne ich mich auf das, was aus der Sache zwischen DaimlerChrysler und perpetuum novile mit Hilfe eines Waldorfschülers werden könnte. Und wir entwickeln gemeinsam ein Projekt, das im Gespräch erste Konturen erhält und sich später, in fortgeschrittener Formulierung, folgendermaßen ausnimmt: SchülerInnen der Justus-von-Liebig-Schule (Mannheim) erhalten die Möglichkeit der Erkundung des Berufsbildes „Fertigungsmechaniker" in der Ausbildungsabteilung der Firma DaimlerChrysler in Mannheim. Das im Projektverlauf in den Schritten Dokumentation, Reflexion und Selbstreflexion entstehende Portfolio soll den individuellen Zugang zum Berufsbild aufzeigen und die erreichte Erfahrungstiefe spiegeln. Ziel ist die Bewerbung um einen Ausbildungsplatz zum Fertigungsmechaniker bei der Firma DaimlerChrysler unter Berücksichtigung des Portfolios, seiner Vorlage, Präsentation und Bewertung. Das so entstandene „Produkt" kann zum Zwecke der Bewerbung an anderer Stelle von den TeilnehmerInnen weiter bearbeitet und modifiziert werden.

Mit der schwierigsten Klientel ...

Am 9. Februar 2004, 6:15 Uhr haben sich 12 Schüler der Justus-von-Liebig-Schule am Tor 1 der Firma DaimlerChrysler AG Mannheim zu ihrem ersten Erkundungstag eingefunden: Schüler des Berufsvorbereitungsjahres. Sie dürfen in den nächsten drei Monaten an diesem und elf weiteren Tagen in der Lernfabrik und unmittelbar im Produktionsbetrieb den Beruf des Fertigungsmechanikers erkunden. Ihr Ziel: Einen Ausbildungsplatz zu erhalten. Und sie wissen, dass DaimlerChrysler zwölf Plätze für sie frei hält. Sie wissen auch, dass keiner von ihnen es auf dem gewöhnlichen Weg der Bewerbung bis hierhin geschafft hätte. Im üblichen Verfahren wären sie alle mit ihrer Durchschnittsnote durchs Raster gefallen, doch als Teilnehmer des Projektes haben sie für die erste Überraschung bereits gesorgt. Sie alle durften, an ihrem Notendurchschnitt vorbei, den Eignungstest der Firma absolvieren. Und haben ihn alle bestanden. In den nächsten Monaten werden sie nun zeigen, was sonst noch in ihnen steckt. An zwölf ausgesuchten Stationen dürfen sie ihren Wunschberuf praktisch erkunden. Vier Azubis des zweiten Lehrjahres begleiten sie dabei. Die Vier schlüpfen in die Rolle der Ausbilder und werden so *by teaching* anwenden, was sie auf ihrem bisherigen Ausbildungsweg gelernt haben. Dazu gehört auch, dass sie das neue Bewertungsverfahren von DaimlerChrysler, „Ausbildung im Dialog", auf die Bewerber anwenden. Auch ihr Urteil zählt am Ende. Verantwortung kann man eben nicht lehren, man kann sie aber durch praktische Übernahme erlernen.

Am 5. Mai werden die Ergebnisse präsentiert. Alle Schüler legen eine Bewerbungsmappe vor, die den individuellen Zugang zum Berufsbild aufzeigen und die erreichte 'Erfahrungstiefe' widerspiegeln soll. Soviel ist bereits sicher: Die dafür verwendeten Materialien werden dem Beruf selbst entnommen. Also Schrauben, Drähte, am Ende eine Mappe aus Blech? Warum nicht? Man soll der Sache von außen schon ansehen, was drin steckt. Schließlich hat Herr Weidner den Schülern am Starttag des Projektes bereits mit auf den Weg gegeben: „Wer mir am Ende eine Mappe vorlegt, die in der Art, wie sie gestaltet ist, zeigt, dass er sich mit dem Beruf kreativ auseinandergesetzt habt, den nehme ich sofort."

Doch hat die Bewerbung um einen Ausbildungsplatz eigentlich schon am Montag, den 9. Februar begonnen. Das wissen die zwölf Schüler aus dem Berufsvorbereitungsjahr der Justus-von-Liebig-Schule vor dem Tor 1 der Firma DaimlerChrysler in Mannheim. Der Leiter der Ausbildung, die Meister im Betrieb, auch ihre Ausbilder, die Azubis, haben in den nächsten Wochen reichlich Gelegenheit, sie kennen zu lernen und zu prüfen. Doch auch sie haben reichlich Gelegenheit zu zeigen, was in ihnen steckt. Und sie sind entschlossen, diese Chance zu nützen.

Jedenfalls glaubten wir das zu Beginn. Doch die Wirklichkeit war wieder einmal etwas verwickelter als wir uns das gedacht hatten. Wir hatten uns mit Schülern aus dem BVJ die denkbar schwierigste Klientel ausgesucht, alle mit schulischem Abschluss, aber ohne Ausbildungsplatz, oder mit einer abgebrochenen Lehre; viele unter ihnen mit einer Einstellung, die in diesem jungen Alter überraschen mag: eigentlich nichts mehr zu erwarten, jedenfalls nicht von der eigenen (Berufs)-Biographie. So meinten manche der Teilnehmer in der Auswertungsrunde (nach Abschluss des Projektes), sie hätten die ganze Sache schlichtweg für einen Bluff gehalten. Keiner, so redeten sie sich ein, würde einen Platz bei Daimler bekommen. Alles sei irgendwie eine Illusion, die man ihnen – zugegeben mit einigem Aufwand – vorspielte. Jedenfalls versicherte man uns, diese These sei unter den Teilnehmern heiß diskutiert worden und lange umstritten gewesen. Einige hat sie von ihrem Glauben abfallen lassen.

Schlussendlich schafften es acht bis zum Tag der Präsentation. Einer der Teilnehmer weigerte sich verbissen, mit seiner Mappe vor Publikum aufzutreten. Es war ein Jugendlicher aus Litauen, wie überhaupt die Teilnehmergruppe eine mehr internationale als deutsche Zusammensetzung aufwies. Die restlichen Sieben haben alle eine (von allen bestätigte) überraschend starke Leistung bei der Präsentation geboten und sich neben der unverzichtbaren Power-Point-Präsentation persönlich behauptet, mit ihren mündlichen Beiträgen, ihren Werkstücken und nicht zuletzt mit ihrer Mappe. Drei Schüler erhielten im Anschluss sofort einen Ausbildungsplatz, zwei weitere haben noch Chancen, ihn bis zum Herbst zu erhalten: Sie stehen auf der Warteliste.

Ein perpetuum novile eben ...

Das ist in dieser Zahl ein bescheidener Anfang für das Prinzip, den Weg von der Schule in den Beruf neu und vor allem individueller zu gestalten.

126

Doch haben alle Verantwortlichen an das Projekt offensichtlich noch andere Kriterien angelegt: Es wurde rundum als Erfolg gewertet und erntete, zuletzt anlässlich einer Betriebsversammlung bei Daimler, den großen Applaus der gesamten Belegschaft. Immerhin ist es der Versuch, an der – kämpferisch ausgedrückt – offenen Flanke des Bildungssystems, dort, wo nichts mehr läuft (und mit Verrechtlichung nichts mehr zu richten ist) etwas gänzlich Neues, den individuellen Anschluss statt des allgemeinen Abschlusses zu setzen.

Inzwischen hat der Oberbürgermeister von Mannheim, Herr Widder, auf einer Veranstaltung, der „Ausbildungsoffensive Mannheim", das Projekt zu seinem persönlichen Anliegen erklärt. Und das Ministerium für Kultus und Sport hat sich auch gemeldet und für den Herbst einen umfangreichen Bericht für das hauseigene „Schulmagazin" angefordert. Dann werden wir allerdings schon die nächste, um einige wirtschaftliche und schulische Partner erweiterte Projektrunde drehen. Eine verbesserte, versteht sich, ein perpetuum novile eben ...

Portfolio und das Rätsel der Philosophie ...

„Im Portfolio zerfällt die strenge Aufgabenstellung – etwa das
Thema einer Seminararbeit – in eine Reihe von unzusammen-
hängenden Einzelaufgaben. Doch gerade deshalb ist ein struktu-
rierendes Prinzip erforderlich, besteht der Zwang zu einer inneren
Logik, welche nur die Persönlichkeit der Lernenden garantieren
kann. Die diffuse Aufgabe erzwingt also besondere Anstrengungen
der Ordnung, welche allerdings auch nicht so weit getrieben wird,
dass sie den Gegenständen eine ihnen unnatürliche Systematik
aufzwingen könnte. Die 'Ordnung der Dinge' ist eben nicht alleine
in den Dingen zu finden, sondern hängt auch von denen ab, die
die Dinge ordnen. Damit kehrt die Beschäftigung mit den Dingen
wieder zu ihrem Ausgangspunkt, zum ordnenden Subjekt, zurück.
Das ist genau, was es zu erreichen gilt (...).“[54]

Diese Erläuterung zur Frage, was denn ein Portfolio sei, stammt von
Werner Wintersteiner, dem Herausgeber von *ide, der zeitschrift für den
deutschunterricht in wissenschaft und schule,* der auch das oben ange-
führte Zitat entnommen ist. Werner Wintersteiner arbeitet als Dozent an
der Universität Klagenfurt im Bereich der Lehrerbildung und setzt dort
Portfolios ein, um, wie er selbst schreibt, den Studierenden ihren „impli-
ziten Habitus" bewusst zu machen. Gemeint sind die Prägungen, die die
Junglehrer aus ihren tausenden, als Schüler verlebten (und erlittenen)
Schulstunden mitbringen und veränderbar machen müssen, um nicht als
Gestrige, sondern als wirkliche Junglehrer in den Schulen ihre Arbeit
aufnehmen zu können.

Ich füge diese Erläuterung an, weil sie mir von allen bisher bekannten
die tiefsinnigste zu sein scheint. Sie weist zudem auf den historischen
Kontext hin, in dem die Arbeit mit Portfolio steht. Und der ist nicht
unbedeutend. Geht es doch in dem oben angeführten Zitat um nicht mehr
und nicht weniger als die Überwindung einer Subjekt-Objekt-Spaltung,
die unser Weltbild seit Jahrhunderten verzerrt, sich in der Wissenschaft

---

[54] Werner Wintersteiner, „Portfolios als Medium der Selbstreflexion", in: *ide –
zeitschrift für den deutschunterricht in wissenschaft und schule,* 1/02, S. 43.

als allein selig machender Ansatz durchgesetzt hat und durch die Technik in einem unheilvollen Gemisch aus Fluch und Segen zur Wirkung kommt. Bislang war die Botschaft so einfach wie folgenschwer: Du bist für das Erkennen der Wirklichkeit, was ein Störfaktor für das reibungslose Funktionieren einer Maschine bedeutet. – Und was sagt Portfolio? So ziemlich das, was Goethe schon gesagt und Steiner in seinen jungen Jahren nicht müde wurde sich und seinen Mitmenschen bis in die Beobachtung des Denkvorgangs hinein zur Evidenz zu bringen: Wir haben unseren Anteil am Zustandekommen der Wirklichkeit ...

Portfolio enthält diese Botschaft (einer Überwindung der Subjekt-Objekt-Spaltung) in einer überraschenden Form. Sie ist ihm als Mittel, das es ist, implizit und kommt in der Umsetzung dieser Arbeitsweise in ihrer freiesten Weise zum Ausdruck. – Zukunftsmusik das alles? Fangen wir an, ihr Instrument zu bauen, fangen wir an sie zu spielen.

Anhang

Die hier im Anhang angefügten Arbeitsunterlagen beziehen sich auf das Kapitel „Das Freizeitportfolio" und sollen exemplarisch Einblick geben in die für die Portfolioarbeit notwendige, schriftliche Begleitung. Den näheren Gebrauch entnehme man dem entsprechenden Kapitel in diesem Buch.

Einführender Brief

Montag, 2. Februar 2004

Liebe Schülerinnen und Schüler,

gehen wir einmal davon aus, dass Ihr *Freizeitportfolio* so gut wird, wie Sie vielfältig über Ihre Aktivitäten darin schreiben ... Ich mache Ihnen im Folgenden einige Vorschläge, wie Sie das anfangen können. Die verschiedenen Textformen (siehe unten) sprechen wir zunächst gemeinsam durch. Danach gehen Sie an die Arbeit, an irgendeiner Stelle, mit irgendeiner der angeführten Textformen. Vorwort, Inhaltsübersicht, Nachwort sind Pflicht für alle, über alles weitere verständigen wir uns individuell. Welche Textformen passen zu Ihnen und zu Ihrer Freizeitaktivität? Prüfen Sie, wählen Sie, erfinden Sie Ihre eigene Form und vereinbaren Sie mit mir, was Sie schlussendlich in Angriff nehmen. Wir werden auch noch über Aufbau und Inhalt Ihres *Freizeitportfolios* sprechen, in Anlehnung an die Berufsbildmappe. Sicher wird Ihr „Werk" diesmal nicht so umfangreich. Es wird dafür, wie erwähnt, vielfältigere Texte enthalten. Bitte beachten Sie noch folgende Neuerung gegenüber der bisherigen Vorgehensweise (im Hauptunterricht). Wir vereinbaren eine Woche (mit zwei Fachstunden), in der Ihre Portfolios noch nicht fertig sind, sondern – sozusagen - als Halbfabrikate vorliegen. In diesen zwei Stunden sollen Sie ausschließlich diese im Werden begriffenen Arbeiten Ihrer Mitschüler begutachten, sich über den Stand und Fortgang Ihrer Arbeiten gemeinsam austauschen und kurze schriftliche Rückmeldungen schreiben. ... Wir müssen auch vereinbaren, wann Ihre Freizeitportfolios fertig sind (Abgabetermin!).

Ich freue mich auf Ihre Beiträge.

Ihr Deutschlehrer

Textformen zur Auswahl,
Vorschläge zur Weiterentwicklung.

Interview

Führen Sie wechselseitig Interviews über Ihre Freizeitaktivität. Legen Sie sich Fragen zurecht. Machen Sie sich Notizen zu allen wichtigen Fragen und Antworten des Gespräches. Bringen Sie das Interview in eine leserliche Form. Prüfen Sie, ob Sie das Interview, das Ihr Mitschüler über Sie und Ihre Freizeitaktivität gemacht hat, in Ihre Mappe übernehmen wollen ...

Anleitung

Schreiben Sie einen Text, in dem Sie einem Interessenten Ihre Tätigkeit zur Ausübung empfehlen und ihm Tipps für den Einstieg und alles weitere Lernen geben.

Wertvolle Erfahrungen

Schreiben Sie über besondere Erfahrungen, die Sie bei der Ausübung Ihrer Tätigkeit gemacht haben. (Highlights, Schwierigkeiten, menschliche Begegnungen, Auseinandersetzungen, auch mit sich selbst usw.)

Arbeits- und Tätigkeitsbericht

Beschreiben Sie genau den Ort des Geschehens, die Umstände, unter denen Sie Ihre Tätigkeit ausüben und was Sie tun. Beschreiben Sie also ganz sachlich, was ist und was passiert. Verzichten Sie auf alles, was dabei über Sie selbst Auskunft geben könnte.

Stimmungsbild

Versuchen Sie genau das Gegenteil zu tun. Verdichten Sie Ihre Erfahrungen zu einem Stimmungsbild, in dem Sie Ihren Eindrücken und Gefühlen stärker Ausdruck verleihen. (Ich gebe Ihnen dazu einige Beispiele.)

Brief

Schreiben Sie einen Brief an eine(n) fiktive(n), also erfundene(n) Freund(in), in dem Sie ihm (oder ihr) alles Wichtige über Ihre Aktivität erzählen. Sie können den Brief auch an eine reale Mitschülerin, einen realen Mitschüler adressieren, mit der bzw. dem Sie zuvor vereinbaren, dass sie bzw. er Ihnen auch antwortet ...

Reportage

Schreiben Sie einen Zeitungsartikel über Ihre Freizeitaktivität. Achten Sie dabei insbesondere auf den Wechsel zwischen genauer konkreter Schilderung und wichtigen Informationen zu Ihrer Tätigkeit.

Oder wollen Sie vielleicht ein **Gedicht** über Ihre Freizeitaktivität verfassen? In jedem Falle lassen Sie sich was einfallen. Vielleicht wird diese Portfolioeinlage ja wirklich so gut, wie es Ihnen gelingt, in vielfältigen Formen darüber zu schreiben. ...

Viel vergnügliche Arbeit!

Vereinbarte Kriterien

Pflichtteile

Vorwort

Im Vorwort soll die eigene Wahl hergeleitet und begründet und zudem auch der fremde Leser zum Lesen der Mappe angeregt werden.

Kriterien

Siehe vorliegendes Blatt

Inhaltsübersicht

Eine Seite mit Überschriften und Seitenangaben

Nachwort

Im Nachwort schaut man auf die eigenen Lernerfahrungen zurück und wertet diese aus. Darüber hinaus schreibt jeder anhand der vereinbarten Kriterien eine Selbsteinschätzung seiner vorgelegten Mappe und 'beauftragt' den Lehrer zu einer Rückmeldung.

Rückmeldung

Ein Brief vom Lehrer an den Schüler zur Arbeit am Freizeitportfolio. Eine Beurteilung unter Berücksichtigung der vereinbarten Kriterien.

Formale Kriterien

Gestaltung der Seiten (Ränder beachten links und rechts)
Überschriften
Seitennumerierung
Handschriftliche Fassung (Leserlichkeit)
Alternativ: getippte Fassung
Oder: begründete (!) Mischung beider Elemente
Sinnvolle, nachvollziehbare Ordnung
Korrektur (in Eigenregie unter Hinweis auf in Anspruch genommene Hilfestellungen)

Inhalt

Kennzeichnung fremder (übernommener Texte)

Das Verhältnis zwischen Eigen- und Fremdanteil, wenn erforderlich, kennzeichnen.

Das inhaltliche Konzept (Textformen, Anzahl der Texte, Gliederung der Mappe, Fotos und weitere Materialien) wird individuell zwischen Schüler und Lehrer vereinbart.

Gestaltung

Die Gestaltung der Mappe wird mit Hr. Vitel in den Fachstunden besprochen und vereinbart.

Termine

Vorlage und gegenseitige Begutachtung der Halbfabrikate: am **Dienstag, den 16. und Donnerstag, den 18. März** in den Deutschfachstunden.

Abgabe der Portfolios am **4. Mai.** Verspätete Abgabe nur nach Vereinbarung. Im Falle fehlender Absprache erfolgt der Vermerk in der Rückmeldung: *Die Arbeit wurde nicht termingerecht abgegeben.*

Rüdiger Iwan

Anregungen zur Reflexion

Die Fragen sollen Ihnen helfen, Ihre Erfahrungen während der Arbeit am Freizeitportfolio noch einmal Revue passieren zu lassen und zu reflektieren. Nehmen Sie die Fragen als Anregung und schreiben Sie einen zusammenhängenden Text. Wenn Sie eine Frage nicht verstehen oder sie Ihnen gar nicht passend erscheint, dann sprechen Sie mich bitte an.

Ihre Ausführungen sind für mich wichtig, weil ich hier Einblick in Ihren individuellen Umgang mit Herausforderungen dieser Art bekomme und insbesondere auch deshalb, weil sich daraus Anregungen für die zukünftige Weiterentwicklung dieses zum ersten Mal durchgeführten Experimentes Freizeitportfolio ergeben können.

- Prüfen Sie genau, ob Sie die vereinbarten Kriterien erfüllt haben. Nehmen Sie sich den dafür ausgehändigten Bogen 'Kriterien für das Freizeitportfolio' zur Hand und prüfen Sie alles(!) durch. (Der Bogen ist Bestandteil der Mappe.) Prüfen Sie zusätzlich, ob Ihnen der Schritt von der Sammlung des Materials zur begründeten Auswahl gelungen ist. Welche der vorgeschlagenen Textformen haben Sie genutzt? Am Abgabetag, dem 4. Mai, werde ich die Mappen selbst überprüfen und im Falle gröberer Mängel zur Überarbeitung zurückgeben (mit Vermerk in meiner Rückmeldung).

- Welches Thema haben Sie gewählt, was hatten Sie sich vorgenommen, was wollten Sie erreichen?

- Wieviel Zeit stand Ihnen zur Verfügung, wieviel haben Sie sich genommen (in Ihrer Freizeit)? Wie sind Sie mit Ihrer Zeit umgegangen? Gab es erkennbare Etappen, Arbeitsschritte (erst sammeln, lesen, erst Gespräche führen, dann ...)?

- Wie ging die Materialsuche vor sich? Was hatten Sie bereits, was mussten Sie sich beschaffen? Wie sind Sie dabei vorgegangen?

- Wo lagen die Schwierigkeiten in der Durchführung der Arbeit, welche Hinweise, Gespräche, Auskünfte haben Sie weiter gebracht? Wo haben Sie sich selbst geholfen?

- Was ist Ihnen (im Vergleich mit anderen, eigenen Portfolioarbeiten?) gelungen, womit sind Sie zufrieden, worauf stolz?

- Was ist Ihnen nicht so recht gelungen, was hätten Sie gerne verbessert, wo lagen Schwierigkeiten, die Sie nicht bewältigt haben?

- Was würden Sie beim nächsten Mal anders machen, wo würden Sie mit Verbesserungen ansetzen?

- Wozu würden Sie gerne von mir Rückmeldung haben?

Rüdiger Iwan

Gutachterbogen

**Meine Eindrücke zu Deinem entstehenden Portfolio –
eine Zwischenbilanz**
(wechselseitige Rückmeldung von Schülern)

Von _____

An _____

Ich habe die Arbeiten in Deinem Portfolio

☐ angesehen   ☐ teilweise gelesen   ☐ sorgfältig gelesen

Besonders gut gefallen hat mir: _____
_____
_____
_____

Weniger gut gefallen hat mir: _____
_____
_____
_____

Welche Anregungen für die eigene Arbeit ich daraus ziehen konnte: ____
_____
_____
_____

Was mir noch aufgefallen ist: _____
_____
_____
_____

Ein Tipp für dich: _____
_____
_____
_____

Rückmeldung aus dem Fachunterricht

Fach: Deutsch   Schuljahr: 2003/2004
LehrerIn: Rüdiger Iwan
SchülerIn: K. C.   Klasse: 10

Zum Inhalt des Unterrichtes:

Im vergangenen Jahr haben wir uns im Wechsel von Rollenspiel und Schreibarbeit zahlreiche Texte erschlossen. Bewerbungsunterlagen, die begleitend zum Berufserkundungsprojekt (Geschichtsepoche) entstanden, wurden schließlich der Berufsbildmappe beigelegt. Den Höhepunkt des Jahres bildete die Arbeit an den Freizeitportfolios. Die Schülerinnen und Schüler erhielten die Möglichkeit, eine Mappe über ihre selbstgewählte Freizeitaktivität zu gestalten, in der sie ausgesuchte und reflektierte Dokumente sowie eigene Arbeiten in einer anspruchsvoll gestalteten Form präsentierten. Wesentlich war hier die Verknüpfung mit den Zielsetzungen des Deutschunterrichts. Die Schüler erschlossen sich während dieser Arbeit Zugänge zu verschiedenen Textformen (von der Gebrauchsanweisung bis zum Stimmungsbild), die sie dann in ihrem Portfolio verwendeten. Die Mappe ist Teil des Jahresportfolios und wird am Ende des Schuljahres Eltern und Lehrern vorgestellt.

Beurteilung durch die Lehrerin/den Lehrer:

Liebe K.,

um es gleich vorwegzunehmen, von Ihrem Freizeitportfolio über das Volleyballspiel bin ich ganz begeistert. Das freilich sollte ich wohl noch differenzierter ausführen. Also: Es beginnt bereits mit der Motivation, die Sie in Ihrem Vorwort zum Ausdruck bringen. Sie wollen diese Arbeit nützen, um (im Kopf) zu lernen, was Sie in Ihrer Freizeit tun. Sie schreiben bewusst für einen Leser, der nichts über dieses Spiel weiß. Es ihm verständlich zu machen, ist der Maßstab, den Sie sich setzen und nach dem Sie sich dann durchgängig richten. Sie legen nach jedem Kapitel (Pritschen, Baggern usw.) genauestens Rechenschaft ab über die Verwendung der Materialien. Zusätzlich reflektieren Sie über die Ordnung und Gestalt, die Sie Ihrer Mappe gegeben haben. Und an diesen exakten Teil fügen Sie in Zusammenarbeit (!) mit Jule einen kreativen an, der – als Briefwechsel gestaltet – das Volleyballspiel noch einmal im ganz persönlichen 'Kontext' nahebringt. (So persönlich sie sind, der sachliche Kern bleibt auch hier erhalten. Die Übung, nach der Sie im Nachwort fragen, ist gut verständlich beschrieben.) Sie haben damit das Portfolio-artige des Portfolios besonders gut getroffen. Sie haben sich ein hohes Maß an Selbstständigkeit im Umgang mit anspruchsvollen Themen erworben, eine Schlüsselqualifikation, wie man heute gerne sagt, mit der Sie sich noch vieles im Leben werden aufschließen können.

Im Unterricht arbeiten Sie gut mit und erledigen ihre Aufgaben stets gewissenhaft.

Schwäbisch Hall, den   Unterschrift:

Zum Autor

Rüdiger Iwan, geboren 1955 in Gelsenkirchen. Studierte Germanistik und Sport. Waldorflehrer seit 1979, seit 1988 in Schwäbisch Hall, daneben Tätigkeit als freier Theaterschriftsteller. Seit 1999 als Geschäftsführer der perpetuum novile gemeinnützige Schulprojekt GmbH verantwortlich für die Organisation von Projekten zwischen Schule und Wirtschaft. Tätigkeit als Berater für die Entwicklung einer zeitgemäßen Lern- und Prüfungskultur.

Publikationen

Prüfung, PISA und Portfolio, MENON Verlag, Heidelberg 2004
Phantasie und Verantwortung. Projektunterricht als Anliegen der Waldorfpädagogik, MENON Verlag, Heidelberg 2004
Ansätze zur Entwicklung einer neuen Oberstufengestalt, Verlag Freies Geistesleben, Stuttgart 2003
„Projekt 'Kernerplatz 2' Wie man schreibend den Weg von der Schule in die Ausbildung finden kann", in: Gerd Bräuer, Schreiben(d) lernen, Körber Stiftung, Freiburg 2004
zahlreiche Artikel in Erziehungskunst, Goetheanum, Info 3, bildung&wissenschaft

Information zu perpetuum novile im Internet:
www.perpetuum-novile.de

MENON Verlag

im Friedrich von Hardenberg Institut e. V.

Waldorfpädagogik

Urs Dietler
- **Jugend im Wandel - Pädagogik im Umbruch**
  32 Seiten

Karl-Martin Dietz
- **Erziehung in Freiheit**
  Rudolf Steiner über Selbständigkeit im Jugendalter
  112 Seiten

Rüdiger Iwan
- **Phantasie und Verantwortung**
  Projektarbeit als Anliegen der Waldorfpädagogik
  41 Seiten
- **Prüfung, PISA und Portfolio**
  Über einen viel versprechenden Ansatz zur Aufrichtung des schiefen
  Turmes in Deutschland
  48 Seiten

Mona Doosry
- **Zwischen Pubertät und Mündigkeit**
  Erziehungsaufgaben im Jugendalter
  48 Seiten

Bruno Sandkühler
- **Aufgaben der Waldorfpädagogik nach PISA**
  40 Seiten

Malte Schuchardt
- **Zur Bedeutung des Künstlerischen in der Waldorfpädagogik**
  Metamorphosen des Erzählens in den unterschiedlichen Altersstufen
  32 Seiten

Heinz Zimmermann
- **Was kann die Pädagogik des Jugendalters zur Willenserziehung
  beitragen**
  32 Seiten

in Vorbereitung:

Uwe Buermann
- **Reale Träume – geträumte Realität**
  Über die Bilderwelten von Computerspielen und Filmen

Edwin Hübner
- **Der gespaltene Mensch – Medien und Gesundheit**

Weitere Titel aus unserem Programm

Paolo Bavastro
- **Der umstrittene „Hirntod"**
  Organtransplantation in der Diskussion
  29 Seiten

Karl-Martin Dietz
- **Anthroposophie tun**
  Beobachtungen zu Rudolf Steiners Führungsstil
  91 Seiten
- **Dialog - Die Kunst der Zusammenarbeit**
  2., durchgesehene Auflage
  136 Seiten
- **Eltern und Lehrer an der Waldorfschule**
  Grundzüge einer dialogischen Zusammenarbeit
  80 Seiten
- **Gesund denken und handeln**
  Zur geistigen Dimension der Salutogenese
  40 Seiten
- **Freiheit oder Anpassung**
  Zur Aktualität des ethischen Individualismus
  56 Seiten
- **Produktives Unbehagen**
  Über die Chancen der kollegialen Selbstverwaltung
  48 Seiten
- **Die Wette um den Menschen -**
  ihr vorläufiger Ausgang im 20. Jahrhundert
  38 Seiten
- **Leben im Dialog (Hrsg.)**
  Perspektiven einer neuen Kultur
  106 Seiten

Günter Kollert
- **Höher als der Turm von Babel**
  Ursprung und Zukunft der Sprache
  128 Seiten

Peter M. Weiß
- **Vom Umgang mit dem Denken**
  oder Wie man das Denken zum Freund und Helfer gewinnt
  32 Seiten

Hauptstraße 59, D-69117 Heidelberg
Telefon 0049-6221-2 13 50, Telefax -2 16 40
menon-verlag@hardenberginstitut.de
Unser Gesamtprogramm finden Sie im Internet unter: www.hardenberginstitut.de

Friedrich von Hardenberg Institut für Kulturwissenschaften

Heidelberg

Anthroposophie
Bewusstseinsentwicklung
Gegenwartsfragen
Dialogische Führung
Spirituelle Psychologie
Jugendpädagogik

Publikationen zu aktuellen Fragen
(MENON Verlag)
Vorträge und Seminare zur kollegialen Selbstverwaltung
und zur Zusammenarbeit von Eltern und Lehrern

Edition Hardenberg
im Verlag Freies Geistesleben

Alle aktuellen Veranstaltungen und Publikationen unter
www.hardenberginstitut.de

Friedrich von Hardenberg Institut für Kulturwissenschaften
Hauptstraße 59, 69117 Heidelberg
Telefon 0049-6221-2 84 85, Telefax -2 16 40
eMail: info@hardenberginstitut.de